历史尘埃下的川盐古道

赵逵 著

中国出版集团

东方出版中心

序 言

赵 逵

今人已很难想象，盐对古代社会的重要性。

翻越西南大山考察时，我们曾惊奇地发现，在连绵群山的古村脉络中，竟然蕴藏着一系列如毛细血管般蔓延的古盐道——川盐古道。盐道上很多古稀老人都有不远千里到四川（包括重庆）背盐的经历，更令我们难以想象的是，如今垂手可得的盐，过去不仅维系着村民个体的生存状况，还支撑着整个中国的经济命脉。许多盐业古镇，曾经因盐而富甲一方，现今却因盐业枯竭而败落。而这种衰败，如时光的凝固剂，将盐道古镇过去的繁华以旧有形态保留下来。

追溯历史，不难发现，由于特殊的地质构造，在四川盆地东部曾经分布着大量天然盐泉，人类因见动物舔食盐水找到了盐泉，并创造了"不绩不经，服也；不稼不穑，食也。爰有歌舞之鸟，鸾鸟自歌，凤鸟自舞；爰有百兽，相群爰处，百谷所聚"（《山海经》）的远古辉煌。

盐的生产和贩运催生了与盐有关的城镇和道路。这些古道由盛产井盐的巴蜀地区出发，抵达湘、鄂、云、贵的诸多古镇村落，它们影响着巴蜀地区的政治格局，也串接着数千年的文化交流、经济血脉和民族风情。从产地到消费，古盐道好似一条生命线，融入并改变了人们的生活。它虽然没有茶叶的芬芳，没有丝绸的华丽，但其意义一点不亚于茶马古道和丝绸之路。只是由于近代海盐提炼技术的完备，海盐完全取代了井盐，四川的盐井才被废弃，古盐道也因隐藏深山、路途艰险而逐渐淡出人们的视野。

当繁华遁入空门，盐味渐渐淡去，历史似乎也被尘封……

然而，川盐古道因其线路明晰、持续时间长、影响地域广，且具有多维度的商品、思想及文化的交流空间，作为拥有丰富线形文化内容的遗产，其意义不容低估。

如果说几千年来"川盐古道"是维持人类生存的补给线，那么古道上的聚落就是人类生存补给线上的驿站。"川盐古道"的恒古与持久，不仅对中国内陆各民族的生存发展起着重要作用，也给我们在研究不同地域之间民居演变、构筑方式、聚落成因、部落兴衰以及文化的相互作用与影响等问题，提供了一条明确而清晰的线索。

尘埃拂去，露出的不仅是晶莹透亮的盐，更是川盐所折射的神秘而宏大的中西部盐业史和建筑史。

我们研究团队，深入巴蜀大山，收集了大量一手资料，将成果集结成此书，以精美的图片，探索的文体，试图层层拂去弥散在古盐道上的历史尘埃，向读者展现那段盐业历史曾经而真实的辉煌。

目 录

一 川盐古道

概况

　　"川盐古道"是源于四川（包括重庆）东部及南部，对鄂、渝、湘、黔、滇交会地区产生巨大影响的贯穿整个中国腹地的运盐古道。古道因盐而兴，成为推动经济、传播文化的重要载体，是连接不同地域、不同民族文化的纽带，它具有持续时间长、跨度范围广、文化影响力大的特点。

　　川盐古道是古代先民在长期的迁移和交往活动中形成的，因而它不仅是商道，还是民族文化活动的走廊和枢纽。这一地区是明清以来湖广填四川的移民走廊的重要组成部分，也是古代巴蜀文化、土家族文化、氐羌文化、濮越文化与汉文化的交会地区。

　　由于古盐道所经地带是环境、资源、民族、经济及文化等各种要素的交会区，故在政治和军事上，很早就为官方及地方民族政权所倚重。例如"川湘盐道"即为历代封建王朝治理湘西古"三苗"，推行"以夷制夷"政策的重要用兵通道。凤凰、干州苗民起义被镇压后，仍留下近万名官兵，在湘西各地长年扎营留守。于是，营与营之间，为了便于军事行动，修筑了专用的道路，称为"营道"，而这些营道，许多是利用古驿道、古盐道修建起来的。在封建统治时期，巴蜀地区尽管很早就被纳入到统一的政权建置以内，并有官道纵横贯通，但当地民族发展并未因此而获得与内地一样的长足的进步。

　　川盐古道作为古代巴蜀地区官道的重要补充，对打破地方割据，打通不同区域间经济文化交往起着至关重要的作用。它纵横交错数千里，大都途经崇山峻岭和高峡深谷，其间平坦道路极少，不少地段或铺石梯，或绕岩凿道，其绝

《恩施县志》中绘制的力夫运盐图

壁险岩处，凿孔贯木铺板，悬"栈桥"而过。形成这些盐道大路非一朝一代，而是经过历朝历代人民共同努力的结果。古盐道促进了川、湘、鄂、黔区域之间的联系与往来，成为繁荣当地经济的重要工具，也是区域交往的重要桥梁和纽带。盐运古道也最终奠定了近代川湘公路、川鄂公路、川黔公路的雏形，对该地域城镇布局、城镇风貌、建筑形式、文化传承等都有不可低估的深远影响。

另外，川盐的外运是明清时期中国西南资源东运工程的重要组成部分，是中国历史上规模庞大的资源跨区域大调配中的典型。这种东西向的资源调配为中国西部地区的发展奠定了强有力的物质基础，它在一定程度上推动了西部的开发，刺激了西部交通运输业、手工业、矿冶业等的发展，促进了转运沿线的村落和城镇的形成，加强了东西部的长距离商业交流。在特殊时期，川盐经济不仅对巴蜀地区，而且对整个国家的经济都发挥过举足轻重的作用。

（一）川盐的运输与销售

汉武帝以前，盐的产、运、销均由民间掌握，自由运销。汉武帝实行专卖后，停止商民运销。隋朝至初唐放弃专卖管制，任凭民间产销自由。至宋代，又执行专卖制。如此反反复复，直至清代，才制定了系统的盐业专卖制度和具

西汉长江流域盐铁分布图

体的销盐区域。

清代全国食盐专卖区分为淮南盐区、淮北盐区、四川盐区、河东盐区、长芦盐区、山东盐区、两浙盐区、福建盐区、云南盐区、两广盐区。其中对中国经济影响较大的主要是淮盐、川盐。

淮盐覆盖了长江中下游的大部分地区。明清时期，徽商的主体便是两淮的

清代食盐专卖分区图

盐商，他们靠对淮盐的垄断经营，积累了富可敌国的巨额财富，并为后世留下了如扬州园林、徽州古民居群落等大量的建筑艺术珍品。淮商在两次"川盐济楚"期间，曾进入巴蜀地区经营川盐，并在川盐古道上建造了大量具有徽派建筑风格的古民居聚落。

川盐覆盖区域主要是长江中上游，包括鄂、渝、湘、黔、滇交会地区，它的经济影响力虽不如淮盐，但与其他盐区相比，四川盐区仍具有地处偏远、交通不便、曾经繁荣、如今衰落，盐业经济主导作用明显，技术性强，遗存较多等鲜明特征。

总体来说，长江是川盐运输的主要水路通道，四川周边各省盐运主要依靠长江支流，如贵州是乌江、赤水、綦江、永宁河、芙蓉江；湖北是清江、酉水、汉水；湖南主要是酉水经沅江进入洞庭湖流域。这些江河与巴蜀境内连接各运盐口岸的陆运盐道一起构成一个大的川盐运输网络。

关于川盐的销售，唐、宋、元、明虽然实行划区分销，但史书上并没说明某盐场之盐销往某处。从清雍正时起，实行"计口授盐"，即按人口配给食盐。对每一县销多少盐，从哪个盐场配运，都有规定。又有水引、陆引之分，陆引只能由旱道运销；水引就遇水行水，水路行程走完了还没有到达指定的销盐地时，再转由陆路运输，直至抵达目的地。不管销售制度和销售区域怎样变动，巴蜀地区，特别是川、鄂、湘、黔、滇交会地区千百年来食用川盐的传统一直未变。无论川盐在全国销售区域如何更改，巴蜀地区仍然是川盐产、运、销的核心地带。

（二）川盐古道主要线路

川盐古道是以水路运输为主体、陆路运输为辅助的综合运输网络。川盐运输主要向东、向南两大方向辐射。向东主要通过长江、清江、酉水、汉江水系，销往川东（主要是重庆地区）及两湖（湖南、湖北）地区。向南，一部分通过乌江、綦江、赤水、永宁河销往贵州；一部分通过金沙江、南广河水道以及"蜀毒身道"行销云南；再一部分是由渝东盐场向南，经鄂西南销往湘西，这部分主要是陆运通道，它连接东西走向的长江、清江、酉水、汉江水系，是川盐东运楚地的重要补充。因此川盐古道主要分为川鄂古盐道、川湘古盐道、川黔古盐道和川滇古盐道四大线路。

1. 川鄂古盐道

　　鄂西的恩施州、宜昌、神农架地区由于受东部大山阻隔，淮盐难以到达，一直食用川盐。川盐的重要产区如郁山、忠县、云安、大宁等地，其东南部完全被鄂西大山包围，而古时长江航运时断时续，在江运不畅之时，川盐要东进两湖地区，必须翻越鄂西的崇山峻岭，故而鄂西是川盐销售的重要通道。

　　在鄂西武陵地区至少有"四横一纵"五条著名的川盐古道。"四横"系水路运输，从北向南依次是汉水、长江、清江、酉水，与鄂西主要山脉平行呈东西走向。"一纵"是连接各江运码头的重要陆运路线，与鄂西主要山脉垂直。"四横"与"一纵"连通一起，形成贯穿鄂西地区的主要盐运网络。

川鄂古盐道线路图

（1）长江线

川南的自贡、富顺、犍为之盐顺沱江进入长江，渝东云安、大宁之盐经云阳、巫山进入长江，再沿江东运，经重庆、西沱、万州、奉节、巴东、新滩、宜昌、武汉等盐运码头，进入湖北地区。这是川盐最主要的外运通道。

长江下游是淮盐销区，长江上游为川盐销区，中游从宜昌到洞庭湖流域则是川盐、淮盐纷争之地。政府在国运昌盛时，一般会采取压制川盐、鼓励淮盐的政策；而当国运衰败、江运受阻时，又靠川盐救国，鼓励川盐外运。故有"国衰则川盐兴，国兴则川盐衰"的怪现象，而这主要是由长江沿线的运输能力决定的。

（2）汉水线

大宁、云安之盐北运至陕西安康，或经竹溪、竹山、房县至襄樊谷城，再沿汉水向东南，经郧阳、襄阳（今襄樊）、荆门运至武汉，销往两湖地区。抗战时期，随着武汉、宜昌沦陷，川盐沿长江只能运至新滩、秭归，再沿香溪北至兴山，翻越神农架林区至房县、谷城，再由汉水进入楚地，因此这一时期汉水线尤为繁忙。

（3）清江线

忠县涂井、甘井盐和自贡井盐经水运汇集忠县西沱镇，陆运经石柱、利川到达恩施，再由恩施经清江水运，过长阳、宜昌，进入湖北腹地。

清江发源于鄂渝交界的齐跃山脉，从东到西贯穿整个鄂西南地区，被许多学者誉为"土家族的母亲河"和"发源地"。现在的清江，由于隔河岩、水布垭等梯级电坝的建设，行船已成为历史，但清江两岸的峡谷，仍然保持有许多原生态的秀美景色。

（4）酉水及渔洋河（汉洋河）线

郁山及酉、秀、黔、彭地区盐场之盐经利川忠路、咸丰、来凤，再分两条：一条沿土家族母亲河酉水进入湖南洞庭湖流域；一条向东经宣恩两河口、鹤峰、湾潭、五峰到达渔洋关，再经渔洋河由宜都入长江，进入湖北平原，或由鹤峰经走马、石门进入湖南。

渔洋河线是古时由湖北穿越鄂西南进入四川的重要通道，其中由渔洋关至沙道沟段以陆运为主，清时著名文人顾彩写《容美纪游》时就是从这条线进入容美土司领地的。而渔洋关作为土、汉民族的分水岭，商贸自古繁荣，在民国时亦有"小汉口"之称。

西水作为唯一流经川、鄂、湘三省交界处的河流，成为五陵地区古文化传播的重要纽带。它发源于鄂西宣恩县，流经龙山、来凤、酉阳、秀山、花垣、保靖、永顺、古丈等县市，沿途密布众多风情浓郁的土家族村寨，如宣恩沙道沟彭家寨、来凤百福司舍米湖等；而作为纵横三省的主要盐运线路，其上更是有众多的盐运古镇，如里耶、龙潭、西酬、后溪等，特别是保靖四方城古城、里耶三座战国古城址及秦竹简的发掘，充分说明早在汉代以前西水流域就已十分繁华。可惜随着凤滩水电站、碗米坡水电站的建设，许多文物古迹已永远沉于水底。

（5）纵向陆路线

由长江边的万县、云阳、奉节、巫山盐运码头出发，向南翻越齐跃山脉，过利川、恩施到宣恩，再经咸丰、来凤、龙山、桑植、张家界、凤凰，进入湖南地区，与川湘盐运网络贯穿一起，形成遍布鄂、渝、湘、黔、滇交会地区的更大的盐运网络。

这条与鄂西山脉走向垂直的盐道沿途翻山越岭，人背马驮，日行很难超过30公里，因此在鄂西的大山中，每隔一段就有马站，供过往的商客歇脚，久而久之，便发展为附近村民赶集聚会的场镇（当地叫"赶场"）。在这条纵向的盐道考察，至今仍能看到许多这样的马站或场镇，由于盐道废弃，它们大多已逐渐衰落，但从沿街的铺面、残存的庙宇、倒地的石碑和砖雕，不难想象这些场镇曾经的繁华。其线路上比较典型的场镇有：利川的老屋基、纳水溪、柏杨镇、大水井，宣恩的庆阳坝、板寮、晓关、沙道沟两河口，恩施的太阳河、罗针田、团堡老街等。

2. 川湘古盐道

湖南的湘、资、沅、澧四大水系，除了湘江，其他三水皆从湘西流过，是重要的盐运水上通道。湘西的盐运交通，基本上靠水运，陆地交通极不发达。因为湘西武陵山区千山万壑，地势突兀险峻，陆路极为难行。其陆地交通设施成规模的兴建，最早是在元朝，乃朝廷需要经营滇、黔、川，需取道于鄂、湘

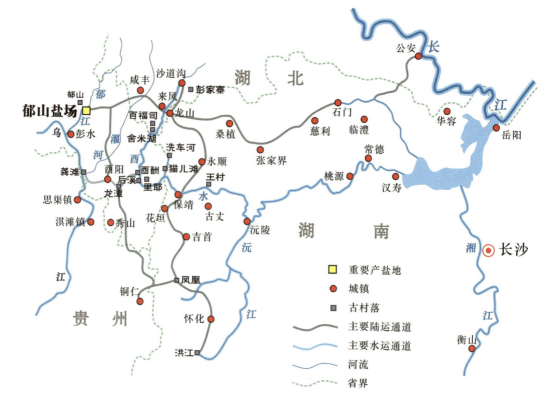

川湘古盐道线路图

境，才开始正式整修湘黔驿道。后来在两次大规模川盐济楚期间，为使川盐顺利运出，才在古驿道基础上整治兴建了一批盐道，这算是湘西陆地交通设施较早的雏形。

进入湘西的盐道可概括为"两横一纵"，分别为龙山—常德线、沅水线、龙山—洪江线。

（1）龙山—常德线

民国时期，国民党政府曾在龙山设立"湘西川盐榷运局"，至民国三十二年（1943 年），还在龙山县设"川盐济湘营业处"，进行大规模的盐税征收。酉阳的郁山之盐经鄂西的咸丰、来凤到湘西的龙山县，或自贡、富顺之盐经"涪岸"（涪陵）陆运至西水码头，过里耶，经洗车河运至龙山县，再经桑植、大庸（今张家界）、石门到澧县，由此分两路：一路经澧水，过常德入洞庭湖流域；一路北上，由湖北松滋、荆州入长江。

这条盐道几乎横跨武陵山脉，地势险峻，道路大多坡连坡，弯接弯，全程皆穿行于千峰万壑之间，行到高处，如登天梯，俯瞰松山云海，如入仙境；而走到低处，如入地府，仰头上望，只见头顶一线天，四周却是布满苍苔的水淋淋的石壁。运盐者，四季皆结队行走，一防强盗抢劫，二防毒蛇猛兽伤人。旧时这里一担谷可换一斤盐，有"担谷斤盐"之说。湘西食盐贵如金自不必说，盐道上的一路艰难险峻，更是一部旧时湘西盐夫的辛酸史。

（2）沅水线

由重庆"涪岸"转船，经乌江运至黔东的沿河、铜仁等地后，再经由湘西的里耶、凤凰、洪江等地运至沅水，再由沅水进入洞庭湖流域。

这条盐道，与从湘西穿黔入滇的古驿道重合，其中有著名的界亭驿、芙蓉驿、马底驿、怀化驿、船溪驿等十多个驿站，与贵州玉屏至凯里的官道相接。这些古驿道因其地势险峻，山高水深，曾让那些长途跋涉的失意文人和落魄官员在驿站的壁廊之间留下无数的感叹。屈原在《涉江》写道："乘舲船余上沅兮，齐吴榜以击汰。船容与而不进兮，淹回水而凝滞。朝发枉渚兮，夕宿辰阳……深林杳以冥冥兮，乃猿狖之所居。山峻高以蔽日兮，下幽晦以多雨。霰雪纷其无垠兮，云霏霏而承宇。""沅"是沅水，"枉渚"是常德，"辰阳"是辰溪县辰阳镇。由"深林杳以冥冥""山峻高以蔽日""下幽晦以多雨"，可知当时屈原沿着这条古盐道被流放时沿途山高林密、雾障阴霭的艰难险境。明代翰林院修撰杨慎于嘉靖三年（1524年）被谪云南时，夜宿当时属辰州府的马底驿，曾写下"带月冲寒行路难，霜华凋尽绿云鬟。五更鼓角催行急，一枕思乡梦未残"的诗句。如今，许多旧日充满艰难险阻的湘川盐道，仍深藏在湘西的山高林深处，静守着曾经的湘西往事。

（3）龙山—洪江线

渝东之盐穿越鄂西，从湘鄂交界的来凤、龙山进入湘西。以此为起点，经永顺至保靖，再向南经花垣、矮寨、凤凰、怀化、洪江运至湘西全境。至抗日战争结束后，川盐衰落，特殊的川湘盐道被废弃。

这条盐路纵贯湘西苗区，既是苗民对外贸易交往之路，也是历代统治者镇压苗民的用兵之路。清朝乾隆、嘉庆年间，以凤凰、干州为中心的湘西地区的苗民起义，与 7 省 18 万清兵大战两年余，坚持 12 载，其主战场就是在这条盐道上展开的。起义被镇压后，为了在政治军事上加强对苗疆的控制，1797 年，清政府任命凤凰厅同知傅鼐为总理边防同知，大规模重修抵御苗民的城墙。傅鼐《修边论》载："自三厅由干州交界之木林坪，至中营所辖之四路口，筑围墙百数十里。"至今在凤凰、矮寨等地还留有大量城墙遗址，被称为"中国南长城"。

3. 川黔古盐道

贵州不产盐。黔路虽然通达，但黔民仍过着"淡而无味"的生活，百姓所用食盐均仰给于外省。邻近广西各县如荔波、黎平、罗甸等县，仰给于粤盐；邻近云南的盘江、兴义、安龙、贞卜等县，则仰给于滇盐；其他约五六十个县，均仰给于川盐。

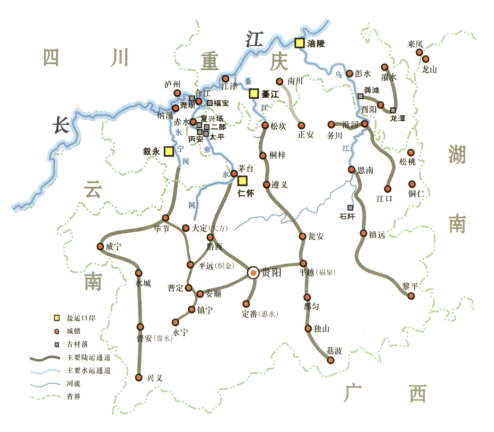

川黔古盐道线路图

川盐经几个口岸由水路输入贵州。清朝乾隆以前，沿用明朝的"纳米中盐"政策，即政府以盐换米，规定商人运粮到贵州，给予盐行，由商人到指定的产盐地采购食盐，运到指定的地区销售。乾隆元年（1736年）开始划仁（仁怀）、綦（綦江）、涪（涪陵）、永（叙永）为贵州食盐四大运销口岸。《清史稿·志九十八》记载："初川盐以滇、黔为边岸。而黔岸又分四路，由永宁往曰永岸，由合江往抵黔之仁怀曰仁岸，由涪州往曰涪岸，由綦江往曰綦岸。""永岸"、"仁岸"、"綦岸"、"涪岸"是川盐入黔的重要口岸。

四个口岸即四条川黔古盐道的重要节点。

（1）永岸

川盐自五通桥或自贡自流井运出，销永岸之盐至纳溪卸载转入永宁河，改用小船运载，逆水行至叙永，再南下自叙永县经毕节、水城至普安，称为永宁道。川滇公路未通车之前，川盐由纳溪至叙永岸口，全靠水运，此段河流狭窄，船只经常失事。明朝杨慎《咏永宁河》诗云："永宁三百六十滩，顺流劈箭上流难。"叙永县城作为川盐入黔的起点，至今仍保存着盐店街、春秋祠等盐文化遗存。

川盐出叙永县向南，大致可分为两大路线：一、过赤水经毕节发运大定（今大方）、黔西州、威宁、水城、普安（今盘水）、兴义各府厅州各地。二、过雪山关经大定的瓢儿井至大定（今大方）、平远州（今织金）、普定而达安顺府城、镇宁州、永宁州。

上列两路均为陆运，叙永县城向南进入毕节地区，同时地形由丘陵向贵州高原过渡，地貌由散布的丹霞地貌向典型的喀斯特地貌过渡。沿途岩溶景观和生态环境完美统一，颇是神奇。老川滇公路纵穿毕节，毕节县城向来为黔西交通和物资集散中心，建城历史悠久，集镇文化丰厚。

（2）仁岸

由合江溯赤水河至仁怀厅（今赤水县），经猿猴、二郎滩、兴隆滩至仁怀县属之茅台镇，称为合茅道。上岸再分运至黔西州、贵阳、定番（今惠水）、罗斛、安顺、平远州、平越（今福泉）等地。

合江至茅台主要依靠赤水河水运，而茅台站以下均为陆运，全靠人背马驮。合江福宝古镇，是明、清自贡贩盐到贵州的必经驿站。古镇始建于元末明初，复建于清乾隆年间，是四川民居的代表，也是山地建筑的典范。从福宝继续南下，到达赤水河边上的重镇——茅台镇。茅台是川盐入黔的水运终点、陆运起点，曾经是十分偏僻的小镇，因盐运而兴盛，自古便有"川盐走贵州，秦商聚茅台"之说。乾隆元年（1736年），四川巡抚黄延桂于黔边设四大口岸，茅台镇为"仁岸"。仁岸的开设，促进了茅台镇商业的发达，因此茅台镇一度改名为"盐商镇"，简称"盐镇"。每年由赤水河运往茅台的盐大约有650万公斤。在盐运的推动下，"家唯储酒卖，船只载盐多"，茅台镇生产的美酒，通过盐商远销各地，声名远扬。

（3）綦岸

綦岸运线由四川江津（今重庆市江津区）几江口经綦江水运70公里至贵州省桐梓县松坎镇，再转陆运经新站、山坡、板桥至遵义、瓮安、贵阳、定番、平越、都匀、独山、荔波等地，全程水陆450多公里；陆路为川黔大道，无论人背马驮，每负运35～37.5公斤，给盐4.5～5公斤。1936年公路修通后，开始试用汽车代替人背马驮运盐，逐渐减少了落后的人背马驮的运输方式。

（4）涪岸

由涪陵（今重庆市涪陵区）进入乌江，经彭水至龚滩，再经思南入黔境。其中比较著名的盐运大道有龚黔道（龚滩至西阳），全程90公里；龚龙道（龚滩至龙潭），全程139公里；濯龙道（黔江县濯水镇至西阳县龙潭镇），全程105公里；江口至贵州务川为黔边盐运古道，全程150公里；南川东路至贵州正安县系川黔要道，全程150公里。

乌江两岸绝壁陡峭，灌丛密布，水急滩险，胜似三峡，被誉为"千里画廊"。民国时期《沿河县志》载："思南至涪陵三百四十八公里，中有大小险滩一百七十六处，小滩不计……其中潮砒、新滩、龚滩为乌江三重天堑，上下不通舟楫。"乌江既是盐道，也是一条军事河流，历来被称作"天险"。汉代、三国、太平天国的英雄豪杰，都在江边演绎过金戈铁马的故事，而乌江沿线众多因盐而兴的古镇都极具特色，如有600多年盐运史的思南县安化老街，至今还保存着建于清光绪年间的周和顺盐号。盐号临江而立，融居家与盐业交易为一体，厨房和盐仓巧妙围合成四合天井，具有典型的盐业古镇民居的风格。其他如龚滩、龙潭等乌江上的盐运古镇也极具特色。

4. 川滇古盐道

与贵州、湖北不同，云南也曾是产盐大省。特别在清代，滇盐生产发展迅猛。在中国历史博物馆内，现在还藏有《清人滇南盐井图卷》，图中对清初云南少数民族地区井盐生产的兴盛状况进行了生动而细致的描绘。

滇盐的销售，除本省外，还行销至贵州、康藏等地，甚至远至缅甸、越南、泰国。据周裕随云贵总督明瑞出征缅甸所载：清军至此，"夷民咸相率来观，以米、粮、腌鱼、

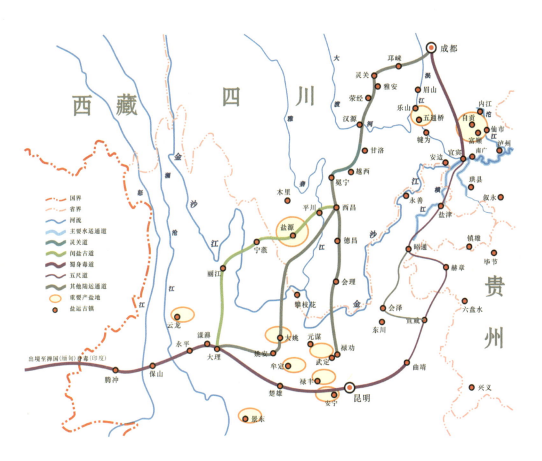

川滇古盐道线路图

盐、烟等物至营货卖"。而清末云南部分地区食用川盐的原因，"其有盐而犹借食邻省者，一以盐拙故，一以改隶故"。因此川滇古道上运输的既有滇盐，亦有川盐。

川滇地区商道自古繁荣，记载颇丰，其中以"蜀身毒道"、"闰盐古道"、"五尺道"最为著名，而这些商道自古都与"川盐"紧密联系在一起，是川盐入滇的重要通道。

（1）蜀身毒道

这条古商道是连接中原与东南亚的通道，始于蜀（起点为成都），经重庆的宜宾，云南的昭通、曲靖、大理、保山，从腾充（今腾冲）和德宏地区出境，进入缅北的密支那或曼德勒，转辗身毒（古印度）和东南亚诸国，继而通向中东和地中海，故被称为"蜀身毒道"，因有"蜀布"输出，也被称之为"西南丝绸之路"。据《史记·西南夷列传》载，在汉王朝谋求打通经西南夷通往身毒国的信道之前，这条信道上已有四川的"蜀布"、"邛竹杖"输出。其实，"蜀布"而外，另一件大宗商品便是川盐。

（2）闰盐古道

据清《盐源县志》载：明嘉靖年间，按察司副使朱篡巡视建昌道时，曾监督修建打冲河（即雅砻江）索桥，事后，题下"闰盐古道"四字，刻于道边石壁上，这也是"闰盐古道"名称的由来。闰盐古道从今凉山州首府西昌经盐源、宁蒗到丽江，是川滇盐道中重要的一支。这条古道以四川盐源县为中心，支线密布，遍及于川滇边金沙江、雅砻江之间大片区域，涉及的范围包括今四川西昌、冕宁、德昌、攀枝花、盐源、木里，及云南宁蒗、永胜、华坪、丽江等地。

（3）五尺道

秦时始修，汉唐所修治的通西南夷道和隋唐时代石门道的前身，北起今四川宜宾市，南抵今云南曲靖。早在公元前259年，秦孝王派蜀太守李冰主持修筑从宜宾至夜郎（黔西、滇东）的道路，由于山险石坚，开凿困难，采取积薪烧石办法，使巨石松裂，然后凿石开路。公元前246年，秦王嬴政（始皇）登基，为进一步加强对"西南夷"的经营，扩展其统治势力，继续修筑道路，将其一直修到今云南曲靖附近。道路宽仅5尺，时称为"五尺道"。由于五尺道的修筑，"西南夷"各部落与巴蜀地区的经济文化联系更加密切起来。

从以上几条古道的描述可以看出，四川进入云南的商道主要集中在滇东北，而且"盐"自古是川滇商道上运送的大宗商品。由于受滇北五莲峰和鲁南山脉的阻隔，川滇盐道又分为山脉东部和西部两条线路。

西部盐道即古时所称的"闰盐古道"，它起于四川西昌，以两省交界处的盐源县为中心，经宁蒗、丽江进入云南。这条线路运输的主要是盐源县所产之盐。东部商道销往云南的川盐，主要是富顺盐和犍为盐。这段盐道与清代滇铜京运之川滇路段相合。富顺盐运至永宁口岸积贮，由于云南是重要的铜产地，滇铜京运大多用马载至永宁换舟，盐商便利用运铜之马回空之时运盐回东川、昭通等地。犍为场引盐在五通桥公仓放盐，下河装货船，沿岷江顺流行约 150 公里到宜宾，分两路：一路到南广镇起运；一路卸载改装小船沿金沙江逆流运至安边场。

自安边场路线为二：一路沿金沙江逆流上行，走水路至昭通；一路经盐津县走陆路到昭通（此段旧称"石门道"，也是"五尺道"的一段），再转运至会泽等地。在南广镇起运的川盐，经南广河水运至高县、筠连县，再陆运至珙县、镇雄、宣武，这条线路也是由黔入滇的重要通道。川滇古盐道的重点运输区域主要集中在川、滇、黔交会地区。这一区域的河流流量大，落差大，水流急，行船艰难。有些地方由于水急滩险，必须分段船运，而这些货物起落的地段，往往也是船工、盐商休息的地点。长此以往，慢慢聚集人气，逐渐形成商铺、客栈，最终成为极具特色的商业古镇。因此这一地区，借助自贡、犍为、富顺等盐场的盐业经济，分布着许多具有典型商业特征的盐业古镇，如四川的仙市、牛佛、罗泉、金山、李庄、尧坝、福宝、安边、南广，贵州的丙安，云南的盐津等。它们以四川南部的盐产地为中心，以岷江、沱江、金沙江、横江、南广河、赤水、习水等盐运河道为依托，形成一个庞大的盐运网络。这些古镇看似分散孤立，实则作为盐运网络上的节点，从古镇布局、建筑造型、建造工艺、建筑装饰等各方面，都有着明显的共性特征和传承关系。

另一方面，由于云南地区自古产盐，在清朝盐区划分中自成体系，所以川滇古盐道作为商道，运输的既有川盐，又有滇盐，这与鄂、渝、湘、黔地区长期食川东之盐颇有区别。考古及文献资料表明，川滇边金沙江、横江、岷江、沱江与长江交汇地带，既是长江的重要源头，又是古代民族活动相当频繁的地区。川盐运输形成的古老而强大的运输网络，是这些民族交流、融合的重要经济驱动力。

二

盐场

川盐古道上的

由于大多数盐场都位于长江干道及其支流上，如大宁盐场位于巫溪（大宁河）旁，彭水县郁山镇盐泉临乌江支流郁江，云阳县云安诸井位于汤溪河畔，忠县诸井位于涂井溪、泔井溪、盐井沟、小井溪畔，开县诸井位于清江东溪河畔。故川盐运输，最初发展起来的亦是水路交通。各盐场盐之外销及生产物资之购入，主要靠水运进行。除了大江、大河依靠木船运输之外，各县、区、乡之间密布的石板道是川盐运输的重要补充。这些古道密布山林水涧之间，以盐场为中心向四方辐射。

食盐多以人力背负送达。背夫运盐的工具十分特别。他们用木板凳捆块盐，上边两根主木弯成弧形支架，上端加一横木于头顶，顶上放一装有自备零碎块盐及干粮的木箱，底加一木枋，用以歇气时放背篓。弧形支架使垒砌的货物前倾，便于上山时省力，遭遇下雨，还可当作雨伞，保护头部不被淋湿。另外还有类似拐杖的工具叫"拐爬耙"，上端木枋为半圆形，中部钻一圆孔，插进有粗圆木的棒子。直木棒的触地一端，钉进一大铁钉，用以支撑板凳，使人得以站着换气。由于负重量大，走起来是"三步两打杆，汗水出全身"。从早到晚，行程很难超出一个马站——30公里。

1. 自贡盐场

自贡盐场位于自贡镇。自贡镇是四川东部最重要的产盐基地，水运经沱江进入长江，南运至湖北、湖南、贵州，向西经"蜀道毒身"进入云南。北周武

自贡盐场位置图

自贡盐运水道平面图

帝时，因富世盐井而设富世县（今富顺县），因大共井而设共井镇（今贡井周围地区），盐井周围逐渐聚集人烟。那时的中心在现在的自贡市富顺地区和贡井地区两个中心，形成了今天自贡市的雏形。清末民初，自贡地区已经是遍地盐井的城市了，据民国三年（1914 年）12 月 24 日的场署报告："查福荣厂有火井 560 眼，盐井 320 余眼，现停3600 余眼，废井 8200 余眼。"也就是说，民国初年，已经打了 1.2 万多眼井分布在自贡市，其密集程度堪称全国第一。抗战结束时，其产盐量占全省 60%，税收 80%。现在仍有西秦会馆（今为盐业博物馆）、王爷庙（船工行帮会馆）、桓侯宫（屠沽行帮会馆）以及众多的井架、盐井等盐业遗存。

自贡盐场制盐作坊　　　　　　　　自贡盐场天车

　　天车林立，水汽蒸腾，这就是千年盐都、我国最大的井盐产地——自贡昔日的景象。直到20世纪40年代，古老的自贡盐井才陆续停产。天车不仅是自贡盐工精湛技艺的展现，更是中国井盐钻井技术的高峰。而始凿于1823年的燊海井在1835年达到井深1001.42米，成为世界上第一口超千米的大井，令西方人也惊叹不已。

2. 犍为盐场

　　犍为盐场位于四川盆地西南，岷江下游。犍为置郡于西汉，建县于隋朝，历史渊源流长。犍为地处入川、入成都平原的黄金咽喉水道。清乾隆、嘉庆年间是四川盐业生产迅速发展的时期，在这一时期，形成了以犍为永通厂、富顺自流井为代表的盐业生产中心。犍为永通厂主管犍为境内盐区盐引发放、盐税征收、私盐督捕的政府机关。其竹管的辖区盐的产量在川盐中首屈一指，据嘉庆十九年（1814年）《犍为县志》记载："从康熙年间到嘉庆十七年，计开新旧盐井共2080眼，煎锅2902口；到嘉庆十九年，现上、中、下盐井共有1106眼，煎锅1654口。"犍为盐业兴旺，拉动了地方经济的繁荣，财政收入丰富。得力于永通厂盐务，犍为富甲一方，时有"金犍为"之称。

犍为盐场位置图

3.涂井盐场

　　涂井盐场位于忠县东北约40公里的涂井镇。汝溪河下游涂井溪边，产盐经西沱入长江。涂井镇红赤村在汝溪两岸分布大量的盐井、蓄卤池、输卤笕槽支架柱洞、大型熬盐的灶炉遗址及损毁的寺庙基址。历史上，这一带的产盐

颇具规模。新中国成立初期，汝溪河两岸还有重兵把守，
以防私盐偷运，到20世纪60年代由于卤水含盐量降低停产。

涂井盐场位置图

涂井溪边的产盐古镇涂井镇

涂井溪壁雕

涂井溪烧盐炉遗址局部

4. 云安盐场

云安盐场位于老云阳县城汤溪河上游 16 公里处的云安镇。水路经汤溪进长江，陆路经马道运销至两湖及陕西、河南等地区。云安是著名的产盐大镇，曾被誉为"川东八大盐场之冠"。唐贞元年（785 年），云安井（云安县前称）置云安监，设井监史，直属朝廷。盐业兴盛时，会馆、寺庙云集，有"九宫十八庙"之称，如：江西会馆、陕西会馆、湖广会馆等。各种房屋依山而建，大街纵横，小巷深幽，其中不乏大户深宅。老镇因离长江十几公里，大部分属淹没区，现已与云阳、双江二镇一起搬迁至新云阳县。

云安盐场位置图

5. 宁厂盐场

　　一眼眼盐泉进出的分卤孔，一排排斑驳陆离的连体灶台，一间间高大宽敞的储盐库，一处处数十米高烟囱的骨架遗迹……这就是位于巫溪县宁厂古镇的宁厂盐场。古镇位于大宁河边，产盐经大宁河过巫山县进入长江，运至湖北地区。由于有天然盐泉涌出，又有大宁河交通之便，春秋时期便有先民逐盐而居。唐代这里曾被列为全国"十监"盐场之一，有"一泉流白玉，万里走黄金"的美誉。尽管这里曾经土地贫瘠，然而先民"恃盐以易衣食"，"不绩不经，服也；不稼不穑，食也"，因而这里是最早被发现、最早被利用并被大规模开发的盐源之一。古镇街区背靠宝源山，面临后溪河，房屋在绝壁之间断断续续沿江边延伸，多为一边是房，一边是崖坎的半边街。

宁厂盐场沿河民居

宁厂盐场位置图

宁厂盐场遗址局部

大宁河吊桥

6. 郁山盐场

　　郁山盐场位于重庆东部南彭水县的郁山镇，其产盐供应鄂、渝、湘、黔地区。由于郁山镇盐泉易于开采，较早被古人开发。汉代起，郁山就有镇守盐税的盐官，郁山先民即开凿盐井汲卤熬盐。唐代郁山被列为全国的"十监"盐场之一，到清乾隆二十六年（1761 年）产盐 553 万公斤，曾有"万灶盐烟，郁江不夜天"的盛况。郁山镇位于郁江边上，至今古镇还保留有 3 条老街，并存有童家祠、苏家院子等古建筑。20 世纪 80 年代，郁山盐场停产。由于郁山卤水浓度较低，而所处地又气候湿润，日照无力，郁山先民便将卤水泼在温度很高的土壳上面，水分蒸发后盐存留在土壳表面，然后将带盐的土壳倒入盐锅熬煮，盐水的浓度就得到提升。这一被称为"泼炉印灶"的制盐技术被专家誉为"低碳制盐"。

郁山盐场位置图

三

川盐古道上的

盐业会馆

清朝中晚期，在四川盐业经济的带动下，大批资本雄厚的外地商人西进四川，一批新的商业场镇在巴蜀地区的江河码头以及水陆节点上逐渐兴起、发展，各种外地的建造技术被不同区域的商业移民带入当地，与当地固有的建筑形式碰撞、交融，形成各地盐场古镇特有的建筑风貌。

各地盐商会馆为显示财富与地位，修建得极尽华丽与气派，极大带动了当地建筑业的发展，使过去旧有的建造格局被打破，形成了一批颇具特色的盐业古镇与建筑群落。盐业古镇中形式各异的宫、堂、庙、馆，其实是盐业会馆（包括工人会馆、商人会馆）的不同表现形式，它们是不同地域风格与巴蜀地区建筑形式相互交融、影响的典型表现。而一系列南北夹杂、富丽堂皇的会馆建筑，则成为古盐道上一道奇特而亮丽的风景线，它们与古盐道沿线各类盐业遗存一起，组成了一条极富特色的古盐道文化线路。

（一）盐业会馆的兴起

会馆建筑是产生于明代的一种特殊的公共建筑类型。在明清两代，会馆开始盛行。巴蜀地区的会馆建筑大部分以商业经济，特别是盐业经济发展为基础，是四川盐业经济发达的产物。

1. 盐业会馆兴起的物质前提

明末清初的大规模移民，使巴蜀地区的人口虽有增加，但经济状况及人民生活并没有本质改善。清初，清政府实行了一系列刺激盐业生产的政策，使得四川盐业从业者受到极大的鼓舞。到清朝中叶，巴蜀经济才得以较大发展。

传统观念普遍认为，巴蜀会馆主要是明清移民的产物，但在明末清初巴蜀地区近百年的主要移民过程中，会馆建筑并没有集中大规模出现过，仔细阅读四川地方志不难发现，对会馆的记载，大多开始于清中叶嘉庆年间，而兴盛于清末光绪年间。由此可见，盐业会馆建设与咸丰年"川盐济楚"引发的巴蜀商业快速增长密切相关。巨大的市场容量、高额的利润回报、丰富的资源储备为异地资本的流入做好了强大的物质准备，同时，由于盐产业的蓬勃发展，一系列与盐有关的民俗、建筑、娱乐、艺术活动也逐渐兴起，形成了极富特色的盐业文化，这为吸引异地文化的渗入做好了精神层面的准备。正是在巨大盐业利润的诱惑下，大量赴异地"淘盐"的客籍商帮来到巴蜀地区，掀起了清末时期的一次大规模商业移民潮，随之便是大量盐业会馆的兴建。

2. 山陕商人、徽商与盐业会馆

山陕商帮和徽商是在明政府"食盐开中"、"茶马交易"等特殊经济政策招引下，几乎是同时形成垄断中国东西部贸易的著名商帮。

明洪武三年 (1370 年) 明政府废除千百年来"盐铁专卖"的官盐铁政策，山陕商民以农业生产发展的雄厚实力为依托，走上输粟贩盐的经商道路。当时往华北、西北边疆运输粮食的主要是山西、陕西商人，被称为"运输大军"。"淮扬以徽商为大宗"，在全国最大的淮扬盐场贩盐的主要是徽商。正是凭借在淮扬盐场上拼打的经验和积累的雄厚资产，才引发他们在后来晚清时期大举进发四川盐场。

明成化三年 (1467 年) 的"叶淇变法"，改输粟换引为"输银于运司"，商人不需要输粟边地向政府换取盐引，而是直接在盐运司花钱买引，使山陕商帮和徽商摆脱了直接为官府服务的性质，完全转化为自由的专业盐商。

明万历时期 (1573—1620 年) 陕西商人在四川经商的就有几万人，入清后，山陕盐商开始向四川腹地进军。清朝末年，山陕商人垄断了四川井盐生产资本总量的八成以上，以后又随着主营川盐入黔，把势力扩张到云、贵各处，清末"川盐入黔"后，仅在贵州贩盐的陕西商人就有 400 多人。

在四川经营盐业生意的另一主体是徽商。到清末时期，驰骋全国的十大商帮中，山陕商帮和徽商成为人数最多的商人集团。他们在川盐古道沿线建的会馆也最多、最华丽。

3. 盐业会馆产生的主要原因

（1）不同组织的不同利益促使盐业会馆的产生

随着盐业经济的大发展，在巴蜀地区的盐业城镇中，很快出现了大盐商、盐业世家和盐业工人这些主要的社会力量，共同的经济利益促使他们必须在生产、销售、公关等诸多环节上达成一致，而外籍商人与本地商会的矛盾更促使他们结成一个经济联合体，构建一个自我保护、生存、发展的坚固壁垒，以利于占有更多市场份额，这是盐商会馆建筑兴起的一个巨大物质内驱力。

（2）"本源文化"意识成为盐业会馆产生的文化驱动力

"老乡见老乡，两眼泪汪汪"，这是中国传统"本源"意识的生动写照。盐业会馆作为统一外籍盐商的团体，可以作为整合外乡人的纽带。对于漂泊盐场的异地客商来说，会馆这种组织，为他们创造了一个对故土文化的保存环境，而不断地聚会又使"本源文化"的观点得到重复和加深，因而使本地区的集体意识得到维持、延续。

（3）社会文化娱乐成为盐业会馆联络各省客商情感的纽带

为联络同籍客商情感，盐业会馆每年均要举行各式各样的娱乐活动。他们奉祀神灵，组织戏曲演出。戏曲艺术的繁荣又反过来促进了盐业会馆的兴建。

（二）盐业会馆的分类

盐业会馆的兴起有着比较复杂的成因，单纯的按照同乡、行业或政治性、经济性等方式来划分，都不足以说明盐业会馆不同的形成原因。比如自贡很多同乡会馆亦为同业者会馆，像"西秦会馆"是由陕西盐商出资修建的，将同乡、行业综合到了一起。

随着工人实力的增长和活动场所的固定，工人们也筹资兴建自己的会馆，比如各地盐场较早由烧盐工人自发组织的"堆金会"筹资兴建的"火神庙"，盐场木船运输业的船帮"王爷会"兴建的"王爷庙"。它们都具有工人帮会性质。还有一种会馆既非同乡会馆，也非同业会馆，它是由会节衍化而来，但其功能、形制与会馆相似。如"牛王庙"就是由于盐业生产多借助于牛推、牛拉而导致了人们对牛的崇拜，兴起"牛王会"。每年祭神吃喝，后相沿为风，大盐商便出资建庙，人们称"牛王庙"。

自贡王爷庙戏楼

在盐业城镇中，"盐业商人会馆"和"盐业工人会馆"反映了当时社会两种主要阶级力量的成长与发展，它们是当时社会生活、政治风云、城市俗文化与精英文化的综合"结晶体"，基本上涵盖了盐业会馆的各种形式与特征。

1. 盐业商人会馆

巴蜀地区在清末兴建的商人会馆大多与四川盐业经济有关，特别在川盐古道上的盐业古镇中更是如此（这些古镇中的会馆建筑也相对比较集中）。盐业商人会馆规模较大，等级森严，布局严整。它们生动体现了盐商阶层的经济实力与文化品位。

各省盐商会馆名称及供奉神祇先贤一览表

所属省份	会馆名称	供奉神祇先祖
山西	山西会馆	关帝
陕西	陕西庙（会馆）、三元堂	刘备、关羽、张飞
山西、陕西	西秦会馆、关帝庙	刘备、关羽、张飞
江苏、安徽、江西	江南会馆、新安会馆、准提庵、江西会馆、紫阳书院	关羽、准提菩萨、观音菩萨、朱熹
湖南、湖北	湖广会馆、禹王宫	禹王
湖北	武昌会馆、黄州会馆、帝主宫	禹王、帝主
江西	万寿宫	许真人
福建	天后宫（天上宫）	天妃、妈祖
广东	南华宫	六祖慧能
浙江	列圣宫	关帝
四川	川主庙	赵公明

2. 盐业工人会馆

工人们集资修建会馆是为了保护自身利益和商议同行事宜，是工人们集会与娱乐的重要场所，如烧盐工人的"炎帝宫"、挑卤工人的"华祝会"、为祭祀盐业始祖而设的"井神庙"等。盐业工人会馆一般规模较小，形式较自由，布局灵活多样。盐业工人会馆现保存不多，最为典型的是自贡烧盐工人的"炎帝宫"与屠宰帮会的"桓侯宫"。

1736年，自贡的陕西盐商开始营造供本籍盐商议事和娱乐的西秦会馆，历时16年建成。屋檐向各个方向翘起，庭院里的红色柱子一字排开，那都是上了红漆的石头，而非常用的木头。会馆没有用一根钉子，全是用榫卯连接的。在这里，北方的四合院布局与南方的飞檐融为一体。西秦会馆一直保存到末代皇帝逊位，后来一度是蒋介石国民党的地方总部。1959年，邓小平倡议将它辟为盐业历史博物馆。郭沫若为之题写了馆名。自贡西秦会馆和盐城海盐博物馆、运城河东盐业博物馆（池神庙）、扬州盐宗庙一起并称为我国四大盐业历史博物馆。

盐业工人会馆名称及供奉神祇先贤一览表

行业名称	会馆名称	供奉神名
制盐业	盐神庙、池神庙	河神
木船运盐业	王爷庙、杨泗庙、水府庙	李冰、杨泗郎
制盐工具业（铁匠帮）	雷祖庙	李聃
烧火熬盐业	火神庙、炎帝宫	炎帝
养牛业（驮盐、打盐井）	牛王会	牛王

（三）盐业会馆建筑的空间与造型

盐业会馆的空间一般包括戏楼、围院、拜殿、回廊，其中戏楼是拜殿式建筑的主体部分。清朝初年建馆伊始，会馆以各省移民祭拜故乡神祇为主，拜殿是必不可少的主要空间。清末道光年间，随着四川商业特别是盐业的发展，会馆开始增设戏楼（乐楼）、看楼，会馆性质也由移民会馆转为商业会馆，开始突出商业娱乐的功能。因此，盐业会馆这一独特的建筑形式，也生动记录了巴蜀移民主体由清初生活性移民向清末商业性移民转变的过程。

1.入口空间特点

盐业会馆同宗祠建筑一样，对其特定使用人群来说，是标志性建筑和精神文化的象征。因此，需要一个能显示其地位、气势的入口空间形象。盐业会馆的大门一般体量高大、形式丰富，以混合式牌楼门、随墙式牌楼门为最多，但又各不相同。有的极尽工巧，有的简洁庄严，有的庭院深深、复杂多变。

盐业会馆一般都有多重院落，而戏台是整个会馆的核心。有些会馆，如重庆齐安公所，由于入口在其主轴线上，戏楼也在主轴线上，因此建筑的入口采用门楼倒座的形式，即牌楼门与其后的戏楼背靠背而立，分别面向街道和内庭院，从大门进入往往要从戏楼底层穿过，才能到达观戏院落。

盐业会馆入口也还有一些别的形式，比如自贡王爷庙就打破常规，将山门置于两厢，从而保证了戏楼及附属耳房等位居河湾山嘴最险要之处，巧妙地将建筑与环境融合起来。而龚滩的西秦会馆（陕西盐商会馆）是在坡地上围合成院落，戏台位于街边，底层架空，入口从戏台下进入，并顺坡势层层升起，形成天然的阶梯状观演空间。

富顺县仙市古镇南华宫（广东盐商会馆）的入口处理更加巧妙。其主要建筑依次分布于南北中轴线上，次要建筑对称于东西两侧，四合院布局，由山门、戏楼、大殿、廊楼、厢房及耳房组成，四周用廊楼相连。整个建筑巧妙地根据地形，依山而建，逐渐升高。从山门到大殿序进渐高，层次分明。最特别的是，它两侧廊楼下的过街门洞与半边街相通，使会馆与街市融为一体，既不影响建筑，又扩大了街道容量，调节了拥挤的人流。

有些会馆，由于建设周期长，祭殿一般在最后一排，戏台和入口牌楼是在不同时间分次分批地加建上去的，如酉阳龙潭古镇万寿宫（江西会馆）就是这样。

2. 戏院空间特点及其演化

盐业会馆戏楼是旧时中国一道独特的人文景观，在我国封建社会末期商品经济与戏曲文化高度发展的明清时期，看戏是当时最时尚的娱乐方式，凡稍有规模的盐业会馆皆建有戏楼。

盐业会馆的戏楼大都与会馆同期建设，其规模大小则因建造者的财力、当地地形及气候条件等因素而定。其形式多为伸出式三面观舞台，广场、厅堂、厢房、回廊皆可观戏，空灵通透。偶有封闭式一面观舞台，则只能在正前方观赏。盐业会馆戏楼一般不及独立的戏楼规模宏大，却也是雕梁画栋，别有洞天。凡保存到今天的戏楼，都具有较高的文物价值。戏楼是盐业会馆最重要的主体建筑，它往往利用地形，结合场地高差和观演的功能需要，形成极具特色的剖面空间设计。

（1）纵向空间特点

巴蜀地区多山，地形起伏较多，当地工匠巧妙利用地形对戏院采光区进行处理，形成极具特色的纵向空间。有些会馆恰如其分地运用地形的自然坡度，采用了从戏楼到正殿（厅）地坪逐渐升高的做法，有效地满足了观演距离和视线，使之适宜观戏。在剖面基本形制上发展了以下几种具有地方特点的形式：

① 戏台、观戏院落、正殿（厅）在一层平面上，并以院落为主，入口从戏台底下进入，或从戏台两侧台阶走上二层观戏空间（见重庆齐安公所剖面）；

② 前殿、戏台、正殿（厅）层层抬升，以台阶为主（见重庆禹王宫剖面）；

③ 直接在观演厅做台阶，形成斜坡状的院落（见鄂西利川三元堂剖面）。

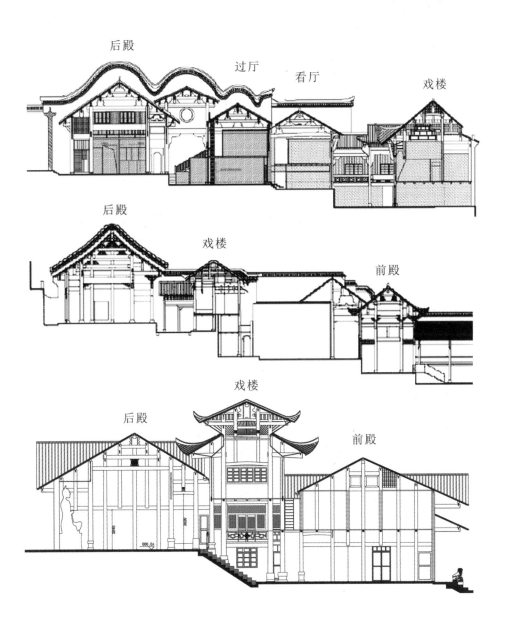

会馆纵向空间特点组图（从上至下分别是重庆齐安公所、重庆禹王宫、鄂西利川三元堂）

西秦会馆戏楼

仙市天后宫戏楼

第一种形式最为常见，比如重庆齐安公所、西秦会馆、仙市天后宫、南华宫等；第二种形式戏台在中间，观演区比较局促，属于较早期的形式，如重庆禹王宫、自贡炎帝宫等；第三种形式观演区域以台阶为主，布局简单实用，如鄂西利川三元堂、自贡南华宫、桓侯宫等。这些剖面形式既丰富了戏楼前区空间的层次，又避免了观戏的视线遮挡，提供了良好的观赏角度。

（2）戏院空间演化

盐业会馆初建时期，主要是举行祭祀活动，后来渐渐有戏曲活动进入会馆，但只是同乡聚会时的一项内部娱乐，在盐业会馆日常的事务中并不占据主要的地位。随着移民规模的不断扩大，来源不断扩展，各地戏曲活动渐渐在盐业会馆日常事务中占有越来越重要的地位。此时，戏曲演出已经不只是同乡之间用来聚会的娱乐活动，而是伴随着各馆庙会与交易活动进行的本籍移民与当地居

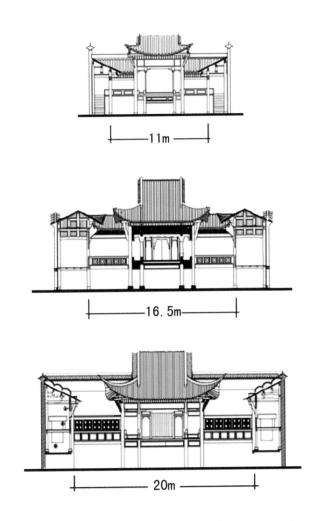

戏台空间比较图（从上至下分别是禹王宫105仓库戏台、齐安公所戏台、广东公所戏台）

民共同参与的娱乐活动,各会馆以此彰显其自身发展的盛况和雄厚的经济实力。

这一变化带来了盐业会馆戏台面积和位置的变化。这从早期建设的禹王宫和稍晚建设的广东公所和齐安公所可以看出来。

禹王宫的格局为前殿—戏台—后殿,齐安公所、广东公所的格局为戏台—看厅—正殿,同时后两者的戏台及整个天井空间的尺度远远大于禹王宫,并且戏台两侧还增加了看厢,这些都说明戏台在整个建筑中的位置越来越重要。

受地形和城市布局形式的影响,巴蜀地区的盐业会馆建筑平面一般较小,规模有限,观看空间基本上都是以院坝为主,两厢、正殿(厅)围合而成。从观演角度分析,现代戏剧院观众厅长宽比在1.4 ~ 1.8之间,这种形式比较能够保证两边池座的视角。但是在巴蜀盐业会馆建筑调研中发现,大多数盐业会馆院落长宽比在1.0 ~ 1.2左右。这一现象说明,当时的盐业会馆庭院观赏视角设计还未成熟。

转而联想到四川地区民间建筑流行的宽而浅的横长方形天井形式,会不会对盐业会馆建筑的庭院空间产生了影响,使会馆建筑在大观赏空间的需要和对民间习惯的继承上取折中,而形成了这样的院落空间平面形式呢?

3. 盐业会馆的造型特点

(1)屋顶

屋顶是中国建筑最富有艺术魅力的组成部分之一,是建筑的冠冕。盐业会馆建筑总是以建筑群体的方式出现在人们面前,这些建筑组群变化丰富、高低错落的屋顶,正是其形象最好的代表。巴蜀会馆盐业发展到成熟期,屋顶造型艺术更是令人叹为观止。如重庆湖广会馆建筑的屋顶大量运用了各种形式:悬

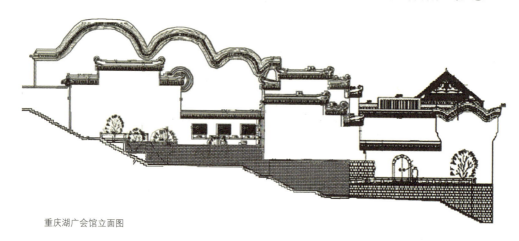

重庆湖广会馆立面图

山、硬山、卷棚、歇山、攒尖、盝顶以及复杂的屋顶形式。这些屋顶与其间形成的庭院、天井、花木、碧池以及各式各样的风火墙造型一起,共同融于各自不同的外部环境之中,形成了市镇之中最有魅力的景象。重庆湖广会馆是我国现存规模最大的古会馆建筑群,它是两湖(今湖北、湖南)人士修建的会馆。在元明两朝,湖北、湖南是一个省,叫湖广省。他们修建的会馆叫湖广会馆。湖广会馆在全国许多重要城市都有,图中所示是位于重庆市渝中区的湖广会馆。

过去的盐业会馆都供有神灵,湖广会馆供奉的是大禹,所以湖广会馆也叫禹王宫。重庆的禹王宫始建于清康熙年间,乾隆时广东商人在其旁加修广东公所,也叫南华宫。嘉庆二十二年(1817年)湖北黄州商人又加修齐安公所(古时黄州曾置齐安郡)。由于湖广会馆修建最早,后来人们仍将三个紧密相连的会馆总称为湖广会馆。

湖广会馆建筑群是我国明清湖广填四川时期南方建筑艺术的代表。整体建筑规模宏大,形制典雅,蕴涵丰富,风貌独特,既沿袭了华南、安徽、湖北、湖南及江南一带的典型建筑风格,又结合重庆山地特点,融合巴渝传统建筑风格,体现了"天人合一"与"人法自然"的地域环境特色,为我国现存规模最大的古会馆建筑群。

巴蜀地区多山地的地貌特征,使建筑屋顶的空间形象更加丰富而多变。盐业会馆一般比普通民居占地面积大,建筑往往巧妙地运用地形的变化,采用层层上升之势,使得屋顶也沿山势层层上叠,远远望去,起伏连绵,形成了丰富的天际线。相对于普通民宅而言,盐业会馆建筑的屋顶装饰丰富多彩,特别是在戏楼和中殿、正殿等主要建筑之上,使人一望而知其重要地位。

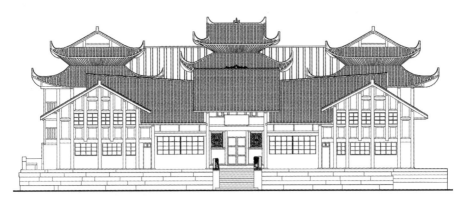

从鄂西利川三元堂立面图可看出多重、多个歇山顶

巴蜀会馆的戏楼和阁楼往往采用单檐或重檐歇山顶，其余屋顶多用两坡顶，但在规模比较大的建筑中，会出现多重、多个歇山顶，且屋顶翼角起翘轻盈高挑，大大丰富了建筑的立面造型，增加了建筑美感。

（2）细部装饰

盐业会馆建筑不仅通过其自身宏大的规模来彰显实力，在建筑细部装饰上，也是极尽能事。其细部装饰题材丰富，明显带有各地区本源文化特征。如位于重庆的广东公所，它既不同于禹王宫的古朴，也不同于齐安公所的典雅，其装饰华丽繁复，难度很大的镂空雕比比皆是，人物造型精巧细腻、栩栩如生。这与岭南地区木匠工艺高超、做工精巧细腻有关。在装饰图案中还多处表现出了对于仕途的向往和追求，这与岭南盛行科举、教育体系健全的文化根源不无关系。

自贡西秦会馆装饰也明显带有本原文化地域风格。其雕刻装饰题材，多取材山陕地区历史上的杰出人物。如戏雕《黄金窖》中的秦穆公；《杨门女将》、《杨宗保挂帅》中的杨家将；《九老图》中的白居易；《卸甲封王》中的郭子仪；《大登殿》中的薛平贵、王宝钏；《苏武牧羊》中的苏武等，突显了西秦会馆的地方特色。

其实，盐业会馆建筑中可装饰的内容十分丰富，那些屋脊、屋角上往往有许多精制的石雕部件，在栏杆、柱墩、门扇、垂花、雀替等处，也有许多民间雕刻的上乘之作。它们大多以神话传说、历史人物、戏曲典故、珍禽异兽、花鸟虫鱼为题材，有着祈福、教化、颂扬等文化内涵，并寄予着浓厚的本土文化风味。

王爷庙戏楼屋顶雕塑

桓侯宫横梁雕塑

（四）盐业会馆建造技术的传承

巴蜀地区在长期自我封闭过程中，已形成一整套完善的有别于中原地区的木构体系，其中比较典型的是遍布川、鄂、湘、黔、滇交会山区的吊脚楼。这种独特的穿斗式木构体系在巴蜀山区的分布区域与传统的川盐畅销区域完全吻合，这固然与因盐而兴的古代巴国的统治区域分不开，但上千年来，这种结构形式固守一区，既没扩张，也没消亡，足以证明这种建造方式顽强的地域适应性。

但在清朝末年，这一延续千年的建造格局因各地盐商会馆的大批建设被打破。来自各地的民俗民风、物质手段、材料技术与巴蜀特有的自然人文环境反复碰撞融合，形成了巴蜀会馆特有的"杂交"风格。

巴蜀地区传统建筑历来讲究适应环境，就地取材。盐业会馆虽然因为功能和地位的特殊，在造型和结构上优于普通住宅建筑，在布局、造型上带有很强的官式建筑的味道，各个会馆也体现了不同的地方风格，但其细节与结构造型，还是深受当地建筑材料和结构的影响。

在构造做法方面，许多由巴蜀的自然气候原因形成的处理手法在盐业会馆中也有体现。比如，巴蜀民间常用的通风排湿的做法就为各盐业会馆所借鉴：用 1 米多高的石材作"墙裙"，防止潮气上侵。在山墙内部靠屋檐的地方，穿一排透空的小洞，使屋檐雨水从洞中排走，并在小洞下部、山墙外边做一小段坡檐，使雨水外排，不致侵蚀山墙。

从其结构上讲，大多还是抬梁、穿斗式木结构混合使用，在山墙面两端屋架采用穿斗，在中间需要大空间的地方使用抬梁。也发现有采用砖木混合结构的，山墙或外墙用砖，内部用木结构，其穿枋或梁直接搭在砖墙上，形式自由。

对比牛佛镇万寿宫与自贡炎帝宫、王爷庙，我们更能深刻地体会外地移民会馆与当地行业会馆完全不同的建造风格。万寿宫外墙厚重，由砖砌而成，具有承重作用，风火墙墙头起伏高耸。炎帝宫、王爷庙则是轻盈的白墙，墙身是由土墙加竹篾的典型当地做法。万寿宫是江南风格与本地风格的"杂交"，而炎帝宫、张爷庙却是典型的巴蜀风格，两者截然不同。

自贡西秦会馆布局方正，讲究严格的中轴对称，用材比较粗大，屋顶比较厚重，色彩华丽，建筑装饰和风格很有北方味。但南方建筑中常用的风火山墙在西秦会馆中也是层出不穷。其方正大气的前院空间与北方院落空间相似，却又采用了南方常用的敞厅（大丈夫抱厅）、敞廊与之结合。而抱厅月台前方，其上雕刻龙凤呈祥图案，又颇有北方宫式建筑的气派。

牛佛镇万寿宫

四

川盐古道上的

传统民居

传统民居是建筑文化的一个重要组成部分，某一时代大量建造的有代表性的民居建筑，必然反映出当时的科学技术和文化艺术水平。建筑既然是"人类文化的结晶"，那么它一定也会成为历史文化的载体。川盐古道上传统民居这个载体中所蕴涵的独特密码，对我们破译巴蜀地区的建筑文化渊源、建造技术传承乃至整个社会经济文化的发展脉络都有重要意义。

川、鄂、湘、黔、滇交会山区的传统民居多以木构吊脚楼为主，也有低海拔地区的土砖房和高海拔地区的石砌建筑，这主要是受当地潮湿多雨的气候和不同建筑材料的影响而形成的。

川盐古道上有一大批清末及民国时期建造的古民居群落，它们与周边传统聚落民居既有继承，又有明显区别。其突出特点是，一、风火墙种类繁多且数量集中；二、沿街立面屋檐出挑较大；三、天井大量运用。它们的主要建造时期大致为太平天国时期和抗日战争时期发起的两次"川盐济楚"。

由于川盐古道上的民居修建者大多是"川盐济楚"时来自南方的安徽、江西、两湖、两广以及北方的山西、陕西等地的盐业移民，所以古盐道现存的这些"移民建筑"也自然体现出清末时期南方诸地域的建筑文化和山陕文化。

同时，川盐古道上的传统建筑也深受当地川式传统建筑的影响。建筑尤其是民居总是要就地取材并受所在地的气候、地理等自然条件的约束，因此它们在展示"移民建筑"的"特殊性"时，也一定大量保持着当地建筑的"普遍性"。研究这些"特殊性"和"普遍性"各自在传统建筑上的详细状况，可以了解它们在川盐古道上的"流"，溯"流"而上，可以探究它们的本源文化，以寻找这些建造技术传承的途径、方法以及背景原因。

（一）风火墙

风火墙又称马头墙，多见于南方。初为防邻居失火殃及自家而建，是古人成功的防火技术措施，同时也可防盗，兼具美感与装饰作用，后来演化为一种建房的形式。单独建房也造风火墙，是南方民居特别是徽派（主要指安徽、江西以及江浙、湖北部分地区）建筑的一大造型特色。

1. "盐"与巴蜀地区的风火墙

（1）巴蜀传统建筑少见风火墙

巴蜀传统建筑中风火墙的使用并不多。巴蜀地区夏季炎热，冬季寒冷，风力不大，雨水较多，日照较少。顺应这样的气候特点，典型川渝民居多是人字坡顶，出檐深远，悬山结构突出。山墙完全暴露出穿斗式木构架，木构架中间往往充填竹编夹泥墙。但四川的产盐重地自贡以及附近的仙市、牛佛等运盐古镇，重庆的云安、大宁、涂井等产盐重镇以及龚滩、龙潭、西沱、大昌等运盐古镇能较多地见到风火墙民居的风采。别的古镇不是没有，只是零星体现在少数当地官绅或商人的豪宅与当地的祠庙会馆建筑中。

（2）徽商西进将风火墙建造技术带进巴蜀

清末时期淮盐西进受阻，清政府为弥补淮盐税收带来的经济损失，发起了声势浩大的"川盐济楚"运动，即扩大川盐生产规模及川盐销售领地。当时的湖南、湖北及江西部分地区都由淮盐改食川盐，在南方经营淮盐的徽商遂大举西进，他们和江西、湖广商人一起，成为后期川盐的经营主体。徽商西进，在带来大量盐业经营资本及经营方式的同时，也带来徽派民居的建造技术。

徽商进入川渝地区主要沿长江及其支流的盐运水路展开，因此长江边上盐运古镇的风火墙数量也最多。

汉口是徽州盐商西进的重要中转站，从光绪二年（1876年）的《湖北武汉全图》不难看出，汉口当时的建筑以风火墙居多，沿街大宅还有天井式院落。

逆长江而上，出汉口，过夷陵（今宜昌），进入长江三峡的第一个险滩便是秭归的新滩。故而新滩是三峡地区出现风火墙、天井屋式民居较多的古镇。江北，有长约1公里的两条街道，若干巷道；江南，有庙巷子、陈家巷子、郑家巷子等巷道。南北两岸，林林总总1000余栋民居，在整个长江三峡，难觅其二。20世纪80年代，区域内还曾经保存较好的风火墙式民居有43处之多，都是五花山墙、大坡顶、小天井、精雕工，典型的南方徽居风格。

在三峡支流大宁河，因运输宁厂古镇所产之盐而繁荣的古镇——大昌镇，也曾因拥有许多风火墙老宅而出名。大昌古镇保存较好的南街和东街（现在已因长江蓄水而整体搬迁）两侧多为联排天井式民居，每家开有临街门面二三间不等，户间大多用风火墙隔断。走在古镇里，高高低低、类型多样的风火墙满眼都是，颇有江南小镇韵味。但从光绪版大昌古城与清朝末年的大昌古城池图发现，清中叶以前，这里的民居还是悬山式，不用风火墙。

清中叶以前，重庆还只是一个扼守嘉陵江和长江交汇处的军事重镇，镇内除"下半城"有府县衙署和少量商业街巷外，"上半城"主要是兵营和校场。清末"川盐济楚"后，重庆长江沿线重要地段几乎均被各省商业会馆占据，商业街巷纵横，已然成为一座商业城市。从现存的禹王宫（湖广会馆）和江西会馆的建筑形式不难推断，这里当初应是一片以风火墙、歇山顶为主的江南风格的古建筑群落。

不仅是长江沿岸的盐运古镇，就是支流上的码头城镇如乌江上的淇滩、思南古镇，釜溪河上的仙市古镇，郁江边上的郁山古镇，汤溪河上游的云安古镇，綦江边的东溪古镇……只要是因运输川盐而兴起的古镇，几乎都遍布着大量风火墙、大坡顶、小天井的建筑形式。而离开盐业集镇，这种建筑形式在川、鄂、湘、黔、滇交会的大山中却变得非常稀少。

2. 风火墙墙头形式：阶梯式、龙形式、马鞍式

各式各样的风火山墙，衬托着高低起伏、姿态优雅的各式屋顶，使本来就有着丰富轮廓线的川渝传统建筑更显得灵动欲飞，呈现出抑扬顿挫的节奏。

风火山墙材料以砖砌为多，其下几乎都用条石作墙裙，这与川渝地区常见的竹篾泥夹墙有很大区别。

墙头形式是装饰的重点，一般最常见的是阶梯式：据风火墙斜坡长度划定若干档，每级水平，随屋面坡度层层跌落。较正规的是三花式与五花式。跌数多少及每跌高度因屋面坡度的大小及长度而定。

重庆湖广会馆的风火山墙造型别致，有龙形山墙、马鞍形山墙和各种形式的组合。不同形态的山墙构成或柔和、或玲珑、或俊秀的轮廓线，在城镇民居之间跳跃流动，显示了其强大的艺术感染力。

相比之下，巴蜀地区北方盐商建造的建筑就有所不同。如自贡的西秦会馆，其山墙下段用砖叠涩出挑，其上做筒板瓦人字坡顶，脊头也用筒板瓦，并在脊角用瓦垫高，作"卷草"状向上高高翘起，内埋铁筋，外饰青灰，并用灰塑作脊饰，与殿堂屋顶装饰协调一致，达到统一的艺术效果。牛佛镇万寿宫的做法与此大致相似，但叠涩之上未用瓦覆盖，只是用灰泥抹成曲线形状，略显简单。

3. 民居风火墙上的特殊装饰

由于各地民居的形制格局不同，习俗喜好不一，风火墙头的细部做法也有区别。总的来讲，皖南、浙西等古徽州地区的造型较为平实、细致，而江西、湖南等地的做法要活泼、灵巧一些，巴蜀地区的做法近于后者。

（1）瓷片贴装饰

　　瓷片贴是川地民居常用的装饰手法，即将各式各色的碎瓷片嵌贴于风火墙的表面。有的还拼组成图案花纹，既经济实惠，又美观大方，体现了川人朴实的民俗民风和率真的审美情趣。作为一种独特公共建筑的盐业会馆，其屋脊装饰也学习了这种"瓷片贴"手法，再结合灰塑、彩绘等，比一般民居的瓷片贴稍微复杂华丽一些。

牛佛古镇民居上的瓷片贴

仙市古镇民居上的瓷片贴

（2）白菜柱头装饰

白菜柱头装饰，即将柱顶施以白菜花纹装饰。这种仿欧建筑形式最早出现在民国时期的自贡镇，但令人惊奇的是，这种奇特的柱头装饰在自贡和其他几个产盐、运盐的古镇比较普遍，其他地方绝少发现。

自贡《盐业史研究》杂志社旁的某盐商住宅白菜柱头装饰比较典型。大门两侧是砖砌柱垛，柱顶两颗大尺度的汉白玉柱头装饰，颇似欧式科林斯柱式的

自贡盐商大宅入口处的白菜柱头装饰

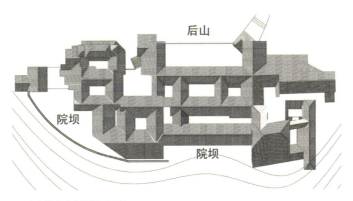

大水井古建筑群总平面图

利川大水井古建筑群中的白菜柱头

卷心菜柱头。在自贡最大的盐交易市场——大坟堡盐场牌楼上，也有这种大白菜柱头装饰，可见这种装饰手法在当时自贡盐场非常普遍。

在千里之外的鄂西利川大水井古建筑群中，也见到了这种大白菜柱头装饰。大水井建筑主体李氏庄园正立面由一排拱券柱廊组成，柱头用浮雕手法塑出大白菜造型，显得独特而醒目。柱脚的柱础饰以传统的花草人物图案，风火山墙的上部装饰是传统的"瓷片贴"手法。该建筑群建造形式将欧式、徽式和当地土家族风格完美融为一体，堪称盐道上保存完整的建筑精品。

4. 川盐古道上民居的风火墙与南方其他地区的比较

风火墙在中国南方民居中相当普遍，不同地区的风火墙在大小尺度、风格造型上有一定程度的差异，概因各地自然条件和民居建筑的形制不同，人们的习俗喜好不一所致。

（1）浙江北部民居

浙北、浙东北为平原多水地形，村落一般均依水而建，建筑也往往做成骑楼或廊棚形式。建筑少则一二进，多则四五进。虽然一般结构较简洁，但大宅做工考究，尤其是厅堂前后廊常做成卷棚轩，门窗多为槛窗，风火山墙多为观音兜形状。

（2）福建、广东民居

地处东南丘陵地带，气候湿润，大量使用悬山人字屋顶，正房与耳房多用悬山叠落连接。风火墙形态夸张，动感十足，墙头小坡檐弱化，以表现整体线条为主，或曲，或直，或弧，许多具有与五行中的金、木、水、火、土相对应的象征意义，颜色多用红、黄等鲜艳颜色。

（3）皖南徽州民居

以砖木结构楼房为主，一屋多进，每进开天井，各进之间有隔墙，四周高筑马头墙，远望只见白墙青瓦，不见坡屋顶，屋面搭接自如，东、西、南、北四面皆为风火墙，极为封闭。

（4）浙江南部民居

气候温润，无严寒酷暑，多门楼式，墙身薄，结构高瘦，屋面轻巧，外观简洁朴实，农村生活气息浓厚。风火墙为四面高墙，两山与后侧正屋风火墙多阶梯式，外观白墙为主，屋顶几乎看不见，墙面只在储藏间等附属用房处开小窗。

（5）江西民居

江西西北民居与安徽民居同为徽派风格。风火墙多用阶梯式，墙身留青砖本色，墙面有小窗洞，窗楣线加以点缀，风格简朴和谐。

（6）湖北民居

风火墙式民居主要集中在鄂东南，少量在鄂西北。多阶梯式，与湖南、江西的差异不大。建筑外墙角封闭，但院落开敞，屋檐较大，有些大户人家屋檐下还会形成柱廊。

从上述不同地区风火墙的形态特点来看，风火墙可分为三类：

第一类：粤、闽民居风火墙。形态夸张，动感十足，墙头小披檐弱化。广东、福建因台风暴雨频繁，两地特色鲜明的风火墙形式与这种气候相适应，其形态与其他地区民居的风火墙相异甚远，较易区分。

第二类：皖南徽州（包括浙江）民居风火墙。四面围合、高耸，不见屋。一般在住宅外缘上部设风火山墙挡住屋顶，形成方形的建筑外观，在外墙上部作一些形式变化。有平房，也有楼房，多为两层，内有小天井。立面简洁，以墙面为主，只在大门周围进行装饰，门上端常加雨檐作为门饰，或在大门伸出两个塘形，产生立面的变化。从外观上看，只见住宅从不同角度升起高低不一的风火墙，完全是墙的世界，极为封闭。

第三类：湘、鄂、赣等地风火墙。正面不围合，暴露屋顶。这类住宅两侧建风火墙，屋后用墙体围合，但为硬山屋面，墙不出屋顶，正立面暴露坡屋顶。所以这三面墙真正突出的是两山之风火墙，每隔两三个开间就设一堵风火墙。从正立面看，竖向挺拔的风火墙与横向舒展的坡屋面形成对比，风火墙的白色或浅灰色与屋顶的深灰色也形成对比。街道两旁都是此类住宅组合，风火墙白幕重重，相比徽州作法不显封闭。湘、鄂、赣交会地区的民居类型变化很多，风火墙四面围合的徽式民居也有，典型的川式民居也不少。

巴蜀地区民居的风火墙墙体三面围合，立面墙、顶并举，与中间过渡区湘、鄂、赣等地的风火墙比较接近。但巴蜀地区风火墙并不普遍，主要集中在江河沿岸的商业集镇，受各地商人及移民风格影响，南北掺杂，再加上受当地少数民族建筑风格影响，因此形式多变，很难说是哪一特定地区的翻版。各地的民风民俗不一，具体的实施形式皆由主人的喜好和工匠的师承手艺来决定。因此巴蜀地区民居风火墙的组合方式、细部特征乃至整体气势等与皖南江浙等地的民居是不尽相同的。

（二）大挑檐

巴渝地区由于潮湿多雨，民居多是土木结构，屋檐一般出挑较大，以防雨水对墙体冲刷。因此，屋檐下的挑檐结构是巴蜀民居中非常重要而富有特色的部分。盐业古镇中的民居，挑檐不仅结构复杂，而且由于受徽式建筑风格的影响，往往雕饰烦琐，成为建筑装饰的重点，这与普通巴蜀民居主要以结构形式体现建筑形体美的古朴做法有很大不同。

1. 巴蜀民居的挑檐结构

檐部由挑枋出挑，挑枋数量按层数计算：单根挑枋出挑为一层，两根挑枋出挑为两层，依此类推。需要出挑几层，关键看出檐深度、挑枋用材大小以及屋面的坡度。按出挑层数分，有以下几类：

（1）单挑出檐

即只由一根挑枋承挑屋檐。这种形式由于结构简单，受力明确，在巴蜀民居中使用非常普遍。挑枋直接伸出檐柱，俗称"硬挑"；不是由穿枋伸出，而是通过檐柱出挑，俗称"软挑"。

（2）双挑出檐

即用双层挑枋出挑两步架屋檐，便于挑出更深的挑檐。其中挑两步的称"大挑"，挑一步的称"二挑"，出挑方法与单挑出檐相同。其实，这种出挑形式在土家族民居中相当普遍，当地人叫"板凳挑"，即出挑大挑的枋下增加一个"夹腰"，夹腰水平出挑，上立短柱，称"吊起"，吊起顶头支檩，承担部分屋檐重量。大挑也穿过吊起，把部分重量透过吊起传给夹腰，再传给檐柱。这样，吊起和夹腰共同承担了比二挑还要多的重量，使受力变得更加合理，但构造也更加复杂。吊起底下的吊头，做成各种形状，成为土家族建筑的装饰重点。

（3）三挑出檐

即在双挑出檐下加一步挑枋的形式，便于挑出更深的屋檐。由于加强了出挑结构强度，即使用材较小也不会下垂。

（4）斜撑出挑

即由一根斜撑直接插在檐柱上，而不是由短柱落在挑枋上再将力传给檐柱。这种受力结构显得更加明确、简单而且合理。有时屋檐出挑过大，斜撑侧面也会与挑枋连接，以达到加固的目的。

巴蜀民居的挑檐结构一览表

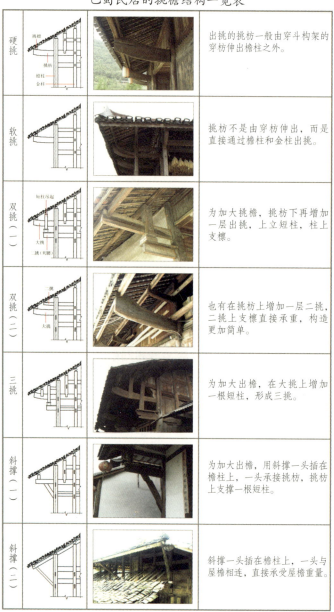

硬挑	出挑的挑枋一般由穿斗构架的穿枋伸出檐柱之外。
软挑	挑枋不是由穿枋伸出，而是直接通过檐柱和金柱出挑。
双挑（一）	为加大挑檐，挑枋下再增加一层出挑，上立短柱，柱上支檩。
双挑（二）	也有在挑枋上增加一层二挑，二挑上支檩直接承重，构造更加简单。
三挑	为加大出檐，在大挑上增加一根短柱，形成三挑。
斜撑（一）	为加大出檐，用斜撑一头插在檐柱上，一头承接挑枋，挑枋上支撑一根短柱。
斜撑（二）	斜撑一头插在檐柱上，一头与屋檐相连，直接承受屋檐重量。

四川牛佛镇万寿宫斜撑

四川罗泉镇盐神庙斜撑

重庆广东公所斜撑

2. 盐业古镇中民居的挑檐结构演化

巴蜀地区的盐业古镇大多在清末"川盐济楚"期间形成建设高峰，这时期的建造风格受徽居华丽建筑的影响，开始崇尚烦琐装饰，挑檐也由单挑变为双挑、三挑，结构趋向复杂。

在自贡和重庆地区，许多盐商的大宅以及盐商会馆将斜撑部分也当作装饰重点，在上面镏金画粉，有些对细部的追求达到极致，将斜撑做成了镂空雕饰，使它完全失去了结构作用，而成了纯粹的装饰构件。

盐商大宅中将斜撑作为装饰构件的做法明显受江西、徽州建造工艺的影响，盐商会馆中的繁复雕饰风格在巴渝地区的传统建筑中非常少见，有些会馆内雕刻的故事也明显是江南地区的民间传说内容，这使我们明显看出外地的建造工艺在盐道上传播的痕迹。

（三）天井

天井的作用，在于通风采光，排水聚气，扩大公用空间，适于平地，多见于徽州。巴蜀地区平地少，雨雾天多，日照量少，天井式民居并不普遍。

巴蜀地区天井式民居，多建于清中叶之后，如酉阳龙潭古镇、巫县大昌古镇皆是。清中叶之前形成的古镇，其天井式民居皆是在后期加建或改建的，龚滩古镇、西沱古镇穿插在吊脚楼群中的天井式民居即是。

1. 川盐古道上天井式民居类型

（1）商业型：前店后宅式

巴蜀地区传统天井式民居一般形制简单，仅由四周建筑围合成院落，空间大多一进。当地将这种形式叫"围屋"，院落叫"院坝"或"屋场"。到了清末及民国初年，随着徽州盐商的西进，在长江沿岸盐运码头，开始出现前店后宅式商业型天井院落。其基本结构是，平面呈"口"形，前面临街为店面或前厅，中间是天井，后面是堂屋（正厅）。若正房后再加一个后天井，后天井之后也有房间，布局即呈"日"字形。平面一连三进，垂直布列，厢房为衬，中轴线各厅皆为主体。大昌镇解放街52号民居即是这类前店后宅式天井民居。

（2）山地型：天井错落式

天井建在不平的地基之上，依山势高低起伏，建筑充分适应地形环境，尽得自然之美。西沱镇云梯街"春华秋实"院落就是这类民居。酉阳郁山盐场老街、房县军马铺显圣殿老街中的老宅天井也是这样。

在巴蜀地区，有的民居有多重天井，建筑依山而建，天井顺山势展开，层层递进，鄂西利川的大水井古建筑群即是。它与徽式民居的建筑群平面沿竖向布局不同，建筑平面沿等高线横向展开，减少了山地的土方开挖量，也压缩了进深，有利于通风采光。

（3）干湿型：湿天井无顶，干天井有顶，半干半湿型天井顶中有空

巴蜀地区潮湿多雨，为避免天井排水不畅、阴湿发霉，巴蜀山民根据搭建晒棚和建造"凉亭街"的经验，对南方天井进行改造，在天井上面架设一铺有明瓦的顶篷，形成了极具巴蜀特色的干湿型天井。湿天井是没有顶的，雨水可直接进入院子；而干天井上有一个上面铺明瓦的顶篷，减少了雨水注入量。还有半干半湿型天井，也就是顶篷的中心是分开的，既方便采光，又能起到一定的挡雨作用，形成丰富的屋顶式样。

湿天井

半干半湿型天井

干天井

2. 徽州古镇民居与巴蜀古镇民居的比较

天井屋与风火墙在巴蜀地区形成时间大致相同，在明清期间"湖广填四川"时开始出现，但真正大规模建设还是在第一次"川盐济楚"期间，而其中影响最大的是徽州盐商的大举西进。现以安徽和江西交会地区的徽州天井式民居和巴蜀民居作一简单比较分析。

（1）徽州古镇重视儒学，强调宗族等级；巴蜀古镇重视商业，强调乡情

徽州古镇邑俗旧重宗法，聚族而居，每村一姓或数姓；姓各有祠，支分派别，复为支祠，堂皇富丽，与居室相间。徽州天井式民居讲究对称和长幼辈分关系，平面中融入强烈的儒家思想，天井一般居中布置，正屋是主人房，两侧

厢房为晚辈或佣人房，正殿是祖屋，村落大多围绕宗祠展开布置。

巴蜀古镇受封建礼制的约束较少，更注重自然地理环境及河流、山脉的走向。除住宅的核心部分外，其他附属房间连同披檐、廊子和墙体等，随功能需要或地形变化而灵活布置，平面布局更注重经商功能，"前店后宅"式天井式民居非常普遍，民居围绕各省会馆和行会宫庙布局。一般不是以"点"为中心，而是以"线"（商业街道）为中心展开。重庆的走马古镇、大昌古镇、龙潭古镇都有此特点。

（2）徽州民居天井数量多，相互串连；巴蜀民居天井数量少，相对封闭

徽州的天井式民居基本以三合院形式围合，每组大的宅院由 3 ~ 4 个居住单元组成，每个居住单元又由多个天井屋串连起来。天井既是每个住户单元内部的公共活动空间，又是单元间的联系过渡空间。

巴蜀地区天井屋每单元通常各自独立，相互之间只有通过街道连接，很少通过天井连接。

（3）徽州民居多楼居；巴蜀民居较矮，二层常不住人

徽州天井式民居多为两层甚至三层，二层房屋宽敞高大，书房、闺房均在二层，底层多有回廊，扩大了公用空间。巴蜀地区的天井式民居也有楼层，但整体不高，二层只作为储藏空间，天井周遭只有底层，没有楼层。

（四）盐业移民文化与建造技术传承

早在明末清初"江西填湖广，湖广填四川"时，大量徽式建筑风格就出现在两湖地区。清末"川盐济楚"实是明清"湖广填四川"的延续。"湖广填四川"移民多是生活在社会底层的弱势群体，他们对巴蜀地区建筑风格的影响微弱。而清末的"川盐济楚"移民以商人（特别是盐业商人）为主，他们建住宅、建会馆，大多有风火墙、天井屋，对巴蜀地区建筑风格的影响较大。

长江是移民进入巴蜀地区的主通道，长江各支流与沿江城镇的南北陆路交通则为盐业移民次通道。随着路途的深入，民居的"移民化"影响逐步减弱，本土形式增强。长江许多流经巴蜀的支流，既是川盐运输的主航道，也是移民

入蜀的重要通道。现仅以酉水河和汉水流域民居建筑为例，来分析移
民化建筑特征的演变。

1. 酉水流域——干湿天井的演变

酉水河流经鄂、渝、湘三省市，其流经湘西的里耶、洗车河、捞车河、苗儿滩、王村，渝东南的龙潭、酉酬、后溪、石堤，鄂西南的两河口、百福寺等村镇中的建筑，大多分布有风火墙、天井屋样式的民居。

在湖南东部与江西交会地区，大户人家的住宅一般有多重院落。为便于雨天活动及盛夏遮阳，其中间大院两端的小天井往往做成"抱厅"形式，即在小天井顶上扣一个双坡或四坡的屋顶盖，顶盖由立柱单独支撑，四周与天井主体结构脱开，阳光从顶盖与四周坡檐的缝隙中照射进来。比较典型的有长沙大围山镇锦绶堂、浏阳市谭嗣同故居、

里耶古镇天井民居鸟瞰

干天井下的室内廊桥

干天井顶篷

浏阳金刚镇清江村桃树湾民居。

在湖北，这种天井形式被称作"天斗式建筑"，当地人亦称之为"乌龟斗"，它是在天井上方立梁架，加盖亮瓦，使天井露明不露天，空间形态有如现代中庭，既通风采光，又遮阳蔽雨。湖北崇阳县白霓古镇、赤壁市羊楼洞古镇的民居天井多是如此。

干湿天井是"江西填湖广，湖广填四川"时，安徽、江西地区的多重小天井传到两湖地区，与夏热多雨气候特征适应，演化成为湖南所谓"抱厅"、湖北所谓"天斗"的建筑形式；传入巴蜀地区后，与阴湿多雨气候特征相适应，屋顶盖被打开，或盖上亮瓦，使阳光能够直射进来，形成"干湿天井"或"半湿半干天井"形式。

2. 汉水流域——双坡檐屋顶的演变

汉水、长江之间鄂西北与渝东地区西起大昌、东到谷城的古盐道中，存在着一种双坡檐和风火墙相结合的独特建筑类型，具有典型的南方建筑形式与巴蜀地域文化交融的特征。

由于房屋整体较高，单靠屋顶挑檐的挡雨遮阳效果有限，所以在一、二层之间另挑屋檐或设置腰檐，形成双重挑檐即双坡檐。双坡檐可以较好地遮风挡雨，方便檐下摆摊做生意，也丰富了立面装饰效果，还便于二层的储藏空间通风采光。

综上所述，川盐古道上的传统民居有三大特色：风火墙、大挑檐与天井。它们分别关乎建筑的平面形制、结构与造型。当一方建筑文化进入另一地域时，外来体系受原固有模式影响，一定会有所改变。①平面形制。由于蜀地多山地，因此在围合同时，仍然会随地势层层错落，为适应山地有限空地，平面形制变换灵活复杂，很少像南方建筑空间层层递进，讲究对称。②结构。因地域条件、气候、建材及匠师等原因，结构的处理更为灵活。盐道古镇上的传统民居梁架模式与川渝民居接近，但雕工复杂，装饰性强，近于徽州民居。③造型。风火墙在巴蜀民居中并不多见，在川盐古道上的民居中却为数不少，这与盐商的巨额财富和徽商在巴蜀地区的经济活动分不开。

五

川盐古道上的

传统聚落

盐业古镇的形成可追溯到人类的起源时期，而古镇的发展与成型期主要在清末太平天国和抗日战争期间的两次"川盐济楚"时期。

中国大多数早期的城市，一般规模较小，职能单一，基本上都以政治职能为主，且城市之间的联系不多，但城址迁移频繁。如在夏代，夏后氏都城即发生十迁；至于商代，更是"不常厥邑"。但是，川、渝、鄂这些因盐而兴的城镇却不同，由于产盐的过程几乎伴随着整个人类的发展历程，并且一直平稳发展，少有间断，因此这些城镇的历史都较久远。又由于它们地处深山，很少经历大的战乱破坏，一般都呈现较强的地域特色和丰厚的文化积淀。这些古镇从布局、选址到建筑群落分布都极具特色，再加上以盐为线索的发展轨迹明确，是研究巴蜀场镇形成发展历史的绝好场地。

另一方面，川盐古道对沿线山区的地域文化、传统聚落的形成有着重要影响，特别是盐道古镇深受移民文化影响，呈现出南北交融又不失地方特色的建筑文化。近几年，"现代移民"在盐道上艰难渗透，出现了在量和力度上都远超过去几个世纪的移民潮。现代钢筋混凝土的强势文化，随着现代公路的贯通，

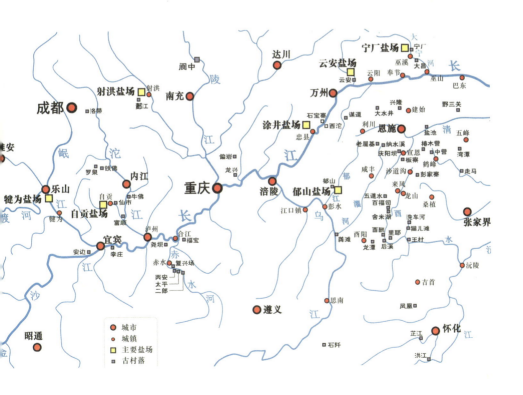

川盐古道上的传统聚落分布图

正以摧枯拉朽之势对传统建造技术进行着致命的打击。大量极具地方特色的村庄迅速地消失，只有那些偏离现代公路的传统聚落因失去发展的动力而暂时得以保存，成为我们研究历史与传统的珍品。在整个社会趋于大同而慢慢丧失自我的时候，人们会越来越看重这些尚未被现代文明同化的异域"净土"，但愿它们能在努力保存传统聚落地域特征的过程中找到新的发展动力。

（一）古代城镇与四川盐业的关系

盐是人类生存必需品，早期人类必须逐盐而居。

大量人类遗址考古资料显示，人类因盐而聚众、聚众而成邑，在经过了本能吸食、制盐自食、制盐交换、盐业成熟四个漫长的历史阶段后，逐步在盐产地及盐运道路节点上发展出众多"因盐而兴"的人类聚居聚落。

三峡地域早期人类文化和聚居点多分布于盐场附近，如巫山、大昌之于大宁盐场，奉节之于奉节盐场，云阳、云安之于云安盐场，忠县之于汛井盐场和涂井盐场，彭水、朱砂之于郁山盐场。正是由于三峡地区这些天然盐泉的分布，才使长江与这些河流的交汇地区成为古人类遗址及文化的富集区。

1. 本能吸食期：原始人类开始聚集

原始社会早期，人类以动物为主要食物来源，体内所需的盐可以从动物身上获得，一旦离开丛林，改食植物，体内所需的盐就得不到补充，为求生存，本能促使人们去寻找盐泉。在长期与动物为伴的过程中，人类因见动物舔食盐水而找到了盐泉，进而向有盐泉盐之地迁徙。这是一个十分漫长的过程，经过了几十万年，人类完成了食物和住地的转变。

四川盆地东部大量的考古挖掘，充分证实了早期人类曾在盐泉裸露地表处大量聚集。在渝东三峡地区，仅早期文化遗址就有 6 处之多，其中，巫山人距今 201 万 ~ 204 万年前，系我国境内发现最早的人类化石，属更新世时期，比元谋人还要早 30 万年，人类学家称之为"亚洲金牌"。1995—1997 年在丰都县高家镇挖掘出大量石器，其年代距今约有 20 万年。稍晚的长阳人距今 19.5 万年左右。这些考古遗址的挖掘地，几乎都位于古代重要的盐产地附近，如巫山有大宁盐场，丰都附近有东岩碛坝盐泉，而流经长阳的清江河水，古时曾被称作"咸水"，意为被盐水染咸之河。由此可见，早期人类的聚集地与渝东自然盐泉之间有着密切关系。

2. 制盐自食期：原始聚落产生

当人类学会用泥土烧制陶器时，便开始用陶器煮盐。这时从采集卤水到烧煮成盐，已不再是本能驱使，而是有目的的行为。人类学会制盐技术后，起初只是为了自己食用，但随着生产技术和生产能力的不断提高，产品开始有了剩余，便开始进行交换。从学会以陶煮盐，到盐产品开始在市场上交换这一时期，虽有盐的生产，却未形成产业，这期间产出的盐以自食为主，学界称为自食起步期。这一阶段相当于新石器时代中早期。

三峡地区所发现的新石器时期文化遗址多达200多处，其中，巫山县的大溪古镇遗址最具有代表性。该遗址有大量人类早期构筑物的痕迹，距今6000多年，是我国发现的最古老的聚居聚落之一。遗址中出土大量陶制釜器，从大至小形成系列，被认为是古时盛盐的量具。这说明长江边上在人类文明之初，便已有大量与盐业相关的生产活动。

特别值得关注的是，文化层中的鱼骨渣和墓葬中的鱼葬品遍及整个三峡地区。1993年在三峡工程坝址中堡岛处发现一鱼骨坑，深达100多米，而在大溪遗址至中堡岛遗址区域，发现有100多个这样的鱼骨坑。这足以证明，三峡地区沿江两岸的先民曾普遍以渔业为生。

发展渔业必须以盐业为支撑，因为鱼容易腐烂，必须用盐腌制，才能贮藏和运输。因此，盐业保证了渔业的生存与发展。反过来，渔业生产又扩大了盐的需求量。因为有了盐，人们能够储存多余的食物，不必为食物而四处迁徙奔走，便开始在盐产地定居下来，从事生产、渔猎以外的活动，如构筑房屋，进行祭祀，供奉长者，抵御外敌等。这时，原始的聚居聚落开始产生。正是由于有盐的便利，人们可以长期驻守一地，不断地建设家园，持续发展部族的经济与文化。

3. 制盐交换期：盐业集镇出现

古人用陶罐煮制的盐，因石膏等杂质没有除去，呈锅巴状，故将盐称为"盐巴"。在没有度量衡的时代，一块盐巴就是一个计量单位，既好计量，又便于携带，还不腐烂，是具有货币职能的理想中介物。因此，人们为了能够换回更多的东西，就需要千方百计地改进生产技术，扩大生产能力，增加盐巴产量。这样发展的结果，使一部分人渐渐从农业中分离出来，成为制盐专业户或专业制盐工,盐业逐渐向商品化、专业化、规模化过渡。而促使这一过渡的动力来自交换，所以称这一时期为交换过渡期。这期间，制盐产业已经出现，但还不成熟。

这一时期，盐业作坊大量出现，并开始在盐产地附近形成一些小型商业集镇。忠县涂井溪遗址群出土的文物，恰好说明了这一演化过程。考古人员在忠县遗址群遗存的实物中发现了大量尖底杯、花边陶釜或花边圆底罐，这些陶器的堆积相对单一，但数量很大，考古人员初步认定它不是生活用品，而与盐业生产有关。另外，在中坝遗址处还发现了大量龙窑，被认定是古人煮盐的龙灶。除此之外，在盐产地附近的遗址挖掘中，还出土很多贝类、玉石类装饰物，这显然不是原产地的器物，应该是与外域进行商品交换的结果，这说明该地区已开始出现进行小规模商品贸易的集镇。

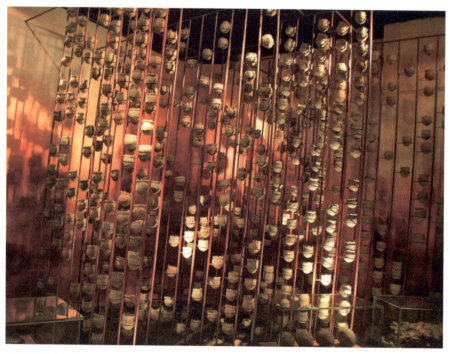

忠县遗址群中出土的大量尖底杯、花边陶釜和花边圆底罐

4. 盐业成熟期：古代城镇得到充分发展

因产盐而兴的城镇，目前存留较多的主要集中在四川自贡和渝东长江沿线，如现今仍保存有大量遗迹的巫山大宁（大宁盐泉）、云阳（云安卤泉）、万县（长滩盐泉）、忠县（涂井溪盐泉）等。两汉时期，盐业经济是支撑三峡地区

城市发展的最关键因素，从空间布局看，在四川自贡和渝东长江沿线，西汉新设的县全是产盐中心，而且是所在郡的经济支柱，如临江、朐忍、巫县、汉发等。这些盐业中心又分出若干县，如朐忍之于羊渠、汉丰，涪陵之于汉发、永宁，使城市空间范围扩大。并且，新的县级行政单位也多为产盐地，成为新的经济增长点。东汉末年，巴郡、固陵郡、巴东属国新设 8 个县，产盐地有 4 个 (汉发、羊渠、汉丰、北井)，而不产盐的 4 个县中，3 个县 (乐城、常安、丹兴) 很快被废除。可见，当时这一地区已是"无盐不成镇"。

运盐之利有时远大于产盐之利。于是在盐运路上，水岸码头处逐渐形成一个个盐运集镇。一部分人专门从事盐业贸易，彻底脱离农业生产。如马克思所指出的"真正的城市只是在特别适宜于对外贸易的地方才形成起来"。正是由于盐业引发的贸易，使川盐古道上的城镇逐渐发展起来。这里的人们不耕不织，不狩不猎，却衣食丰足，成天生活在莺歌燕舞、其乐融融的环境中。为什么能够这样？正是因为巫峡 – 巫山一带的盐业已进入到产业成熟期。

偏离现代公路的老街

（二）巴蜀古镇文化浓郁的"盐卤"味

1."湖广填四川"，高回报的盐业是诱因之一

巴蜀地区历来就是一个移民区域，该地区上古先民是"元谋人"的后裔，其后被楚国所灭的庸国"牧誓八族"的后裔僚人又迁徙到此，这些原始居民的入住都带有追逐盐资源的色彩。

清代四川产盐州县增至 40 个，盐井增至 6116 眼。嘉靖年间盐产量增至 3000 多万斤，雍正时年产盐 9227 万多斤，乾隆时增至 1.6 亿多斤，而至清末川盐济楚时仅经销售两湖地区的川盐就达 4 亿多斤。发生在清朝中后期的"湖广填四川"的移民高潮，固然有当时中央政府的政策鼓励，该地区有利润丰厚、亟待振兴的井盐业，也是其重要的诱因之一。正是由于巴蜀地区特殊发达的盐业经济的影响，该地区的移民到后期有了鲜明的商业性移民的特征。

2. 盐业会节

以盐业经济为基础而产生发展的各种城市社会生活、民情风俗、文化产品等无不折射出浓郁的"盐卤"味。

在井盐业的漫长发展过程中，巴蜀地区逐渐形成了一些与盐相关的盐业会节。在三峡产盐的巫溪地区，有所谓猎神会、财神会、火神会、绞篊节，都是因宁厂盐业的发展而形成的；在自贡地区，"放水节"也是因盐业的发展而形成。

南宋嘉定元年 (1208 年)，大宁知监孔嗣宗为解决隔岸引卤给盐业带来的困难，用竹篾编织成碗口粗的牵绳，牢牢固定在两岸坚石之上，再把卤枧吊在上面，将卤水自北岸卤池分送到南岸灶房。这一做法在巴蜀产盐区迅速流行，对本区古代风俗产生了深远影响，进而形成一个地方会节——绞篊节。

自贡釜溪河每年枯水期，大量堆积如山的食盐需要外运，河上数以百计盐船待水而发。于是人们便在王爷庙坎

下扎堰蓄水，以放盐船。每次开堰时都悬牌公告，以便盐船做好准备。久而久之，这种与利益息息相关的放水活动在人们心目中产生了神秘色彩，于是每次放水都要大肆庆祝，因而演化为节日——放水节。

由于盐业经济的丰厚利润和独特的冒险性，使得这里的人民敢于冒险，敢于吃苦，敢于创造，而在劳苦的生活和巨大的成功之后，更加需要以集会庆祝的方式来抒发激情和喜悦。这些盐业会节丰富了人们的生活，使人们在劳作之余可以有所放松，同时也促进了传统习俗的沿袭，是川盐古道上一道特有的文化风景线。

3. 摩崖石刻沿"蜀身毒道"从印度传入巴蜀

两晋南北朝时期，大批中国佛教僧人到印度学经，主要是经川滇盐道而去。

佛教庙宇大多在明清时传入巴蜀，而摩崖石刻基本都在唐以前。因此有学者认为，二者传入途径不一样。佛教庙宇应是随着明清时的移民潮由中原地区传入巴蜀的，而摩崖石刻则是在唐以前沿"蜀身毒道"从印度方向传入巴蜀。"蜀身毒道"上运输的商品主要是蜀布、盐、邛竹杖等，川滇古盐道便是"蜀身毒道"中重要的一段。

据史籍记载，永昌郡古代还杂居有身毒之民，即印度人。其时印度正处于大乘佛教鼎盛时期，缅甸亦盛行佛教。佛教或由印度、缅甸的佛教徒介绍到云南，再由云南沿川滇盐道传入四川；或是蜀商在印度、缅甸、云南受了佛教的影响而带回故乡。这两种情形，已为近年来的出土文物所证实，史籍亦间或有载。在四川南充天宫山一个西汉王的崖墓内，有一座刻有檀城寺的住宅，上面有象征古印度婆罗门教的佛教前期密宗的一个飞天夜叉；在重庆忠县产盐地涂井溪的盐井旁、来凤西水河边仙佛寺中，现在仍可见大量唐以前摩崖石刻。唐以前佛教的传入，与四川西南方向古盐道的贯通不无关系。

来凤县酉水河边仙佛寺摩崖石刻

4. 特色食品皆因盐

在鄂、渝、湘、黔、滇交会的土家族地区，至今保留着吃腊肉的习俗。即每年过春节前宰杀生猪，用盐腌制起来，整个冬天挂在房梁下晾干或悬在火盆上熏烤。肉虽黢黑，却不腐烂，一年中其他时候需要时可随时割肉食用。这种保存肉类方法的关键是盐的大量使用，古时在非产盐区是

很难做到的。

利川柏杨镇的卤水豆腐全国闻名，就是由于柏杨镇地下水中含有天然卤水成分，且含盐量恰到好处。用柏杨水做出的豆腐，自然成型，香咸可口。

自贡盐场的牛作为动力推车汲卤，成为盐场的一大劳动力。明清时，盐场很多，所用的牛也很多，不断有病牛和退役牛供食用。于是，在自贡出现了很多以牛肉为原料的食品，较出名的有水煮牛肉、火边子牛肉、菊花牛肉火锅、牛尾汤等，尤以水煮牛肉最为有名。自贡的"小河帮"菜系能形成独特的风格，盐商对饮食和排场的讲究是其重要原因之一。

（三）盐业古镇的形成原因

1. 人负重步行每日不过 15 ～ 30 公里，因此每隔 15 公里必有一小场（小集镇），每隔 30 公里有一大场（大集镇）

山区的道路分布与平原的道路网明显不同。平原道路多呈发射状与网格状，具有较大的人为随意性，聚落分布也主要以大城镇为中心，呈点状向四周发散布局。山区道路多沿山谷、溪河呈线性分布，在山间坪、坝处汇集，受环境、地形、地貌制约较多，具有明确的走向。由于山路形成不易，一旦形成便相对稳定。山地聚落分布也多沿山路、河谷成线状展开，明显受到地貌影响。

现存古盐道主要分布在鄂、渝、湘、黔交界的山区。其境内山岭高峻，江河密布，山脉与河流以东北至西南走向为主。主要山脉有：绵延在南部的武陵山脉、横亘在北部的巫山山脉、延伸于西部的大娄山余脉，以及盘踞在东北角的大巴山余脉。这些山脉交会在长江三峡上游地段，在侏罗纪末燕山运动的造山过程中，相互碰撞挤压，形成许多褶皱隆起和逆断层，因此境内奇峰险峻，溶洞石林、天坑地缝等自然奇观随处可见。

盐道陆路都起始于该区域长江及支流沿线口岸，其主要延伸路线由北至南，几乎垂直于境内山川河流的分布走向。这就意味着盐道沿途必须翻越重重高山，跋涉条条江河。

人负重步行每日不过 15 ~ 30 公里，因此每隔 15 公里必有一小场（小集镇），每隔 30 公里必有一大场（大集镇）。现在，当地山民还有逢双日赶大场、逢单日赶小场的习惯。当遇到高山横亘阻挡去路时，人们大多会寻找谷口或山隘穿越（土家人称谷口、山隘为"垭"或"坳"，盐道上许多村镇名都有此地理特征，如梭布垭、大树垭、理智坳等）。当遇到江河阻挡时，人们或架桥、或摆渡以穿越。这些群山的谷口、山隘和江河上的桥梁、码头是人们南来北往的必经之路，它们附近也最容易出现为过往商旅提供住宿的驿站和进行商品交换的集镇。而在山区的某些低坪高坝处，由于土地相对平整充裕，也就自然成为山民的聚居地——村落。这些村落在形成之初完全靠自给自足的小农经济生存，与盐道并无直接关系。但随着居住规模的不断扩大，原有土地不能满足耕种需要，一部分人便从农耕生产中脱离出来，特别是在清末与民国初年，由于解除了"蛮汉不相通"的禁令，商业活动在巴蜀地区开始异常活跃，盐巴、茶叶、布匹、木漆、桐油等物品成为土家人交易的主要商品。大量商品的运输必然要借用在大山中已然成熟的运盐网络。

在上千年形成和修建盐道的过程中，盐道不断完善，得以穿越或连接尽可能多的村庄和街市。可以说，鄂、渝、湘、黔、滇交会山区规模较大的村落，即便不是分布在盐道主线上，也多能通过支路与盐道相连。只是随着现代公路的贯通，它们有些因偏离交通干道而失去发展动力。也正由于这些村落落后于现代化进程，因而多能保存下来。

2. 不少大型聚落乃至现代城市多为盐道集市发展而来

巴蜀场镇大多兴起于宋代。然而，明末清初的战乱和严重的自然灾害使巴蜀场镇的发展一度中断。直至康熙二十九年（1690 年），清政府颁布《入籍四川例》，即著名的"湖广填四川"，引入了大量的外来人口后，巴蜀场镇才逐步复苏，发展成为今天所见之分布格局。巴蜀场镇建筑多为木构建筑，不易保存。巴蜀场镇虽有千年的历史，但今之所见的场镇建筑至多为300多年前所建。

清朝中叶以前，当地大山中的商业集市极少，且大多集中在土司城内，而城外散布在群山间的集市，则大多因盐业贸易而形成。清朝中叶，清政府为削弱土司权力，在当地少数民族地区实行"改土归流"政策，即把土司手中的土地归还农民，取消土司间的疆域割据状况，使各地区、各民族间的经济得以相互交流，集市贸易应运而生，并逐步扩大。特别是抗日战争期间，由于国民政府为解决严重的财政危机，发起规模宏大的"川盐济楚"运动，使这一地区的盐业经济得到空前发展，许多新的场镇在这一时期形成。

传统场镇集市多沿着千百年来在山区形成的盐道线路分布，盐道重要节点上的集市规模也自然较大。随着商品交换的进一步发展，许多重要街市扩展为大型聚落直至现代城市。鄂西的重要县城，如恩施市、利川市、宣恩县城、咸丰县城即是如此。重庆的场镇，如龚滩、西沱、龙潭等更是依赖四川盐运得以生存、发展。

3. 盐业移民之宫、庙、馆、堂建设，把各地的建造技术带入盐道上的山区聚落

古代盐业生产没有机械动力，各道工序的操作和物流搬运，全靠人力，是劳动力高度密集的行业。一个盐场既是一个重要的工业基地，又是一个经济中心。一般说来，一个年产盐1000吨以上的小盐场，即可容纳就业人员数千人，而它所带动的相关产业，如燃料业、木船运输业、造船业、短途搬运业、长途运输业、制桶业、编织业、制绳业、打铁业、饮食服务业等所容纳的就业人员，远远超过制盐工人的数量。

大量移民的涌入，必然会形成许多帮派组织。有组织就有聚会，要聚会、要活动就得有场所。于是，各种宫、庙、馆、堂如雨后春笋般地修建起来。

在一些重要的产盐地，本地人兴建祠堂，外地人则修建宫、馆。江西人建有万寿宫，福建人建有天上宫，广东人建有南华宫，黄州人建有帝主宫，陕西人建有陕西馆，湖北人建有湖北馆。不仅如此，外来移民为寻求精神上的寄托和神灵的保佑，还将各地的崇拜之神也迁移到盐场来，如山西人在盐场修建关帝庙，湖南人建有长沙庙，福建人建有东岳庙。

这些林立的宫、庙、馆、堂，是盐道边一道靓丽的风景线，它们的建筑风格丰富多彩，是极为珍贵的盐业文化遗产和宝贵的旅游资源。

（四）盐业古镇的分类

在数千年产盐、运盐的历史中，形成了一批因盐而兴的古镇。这些古镇，或因产盐而生，或因贩盐而兴。前者如资中罗泉、川南盐源、巫溪宁厂、云阳云安、开县温泉、彭水郁山等，后者如自贡仙市、石柱西沱、酉阳龚滩、武隆江口、綦江东溪等。

罗泉古镇盐神庙

1. 因"产盐"而兴的古镇

试以宁厂古镇、云安古镇说之。

巫溪县大宁河上游的大宁古镇，春秋战国时就有先民逐盐而居，唐代已被列为全国"十监"盐场之一，到清道光年间，已有盐灶336座，熬盐锅10080口，号称"万灶盐烟"，有"一泉流白玉，万里走黄金"的美誉。

宁厂古镇3.5公里长的街区完全沿着产盐的宝源山和大宁河沿岸展开。由于古镇用地狭窄，一边峭壁，一边悬崖，房屋在绝壁之间断断续续沿江边延伸，多为一边是房，一边是崖坎的半边街。而今的老街，已是冷寂的街区、衰败的厂房、破损的房屋。而随着三峡大坝的建成，这一切已永沉水底。

云阳的云安古镇建镇有1700多年，其凿井煮盐的历史可以追溯到2600多年前。在辉煌鼎盛时期，其人口曾一度达到6万余人。小镇曾经宫殿、会馆云集，盐业文化、地域文化、宗教文化在这里呈现多元发展，形成了独具特色的"峡江古镇"，可惜随着长江水位的提高，沿江的许多古镇都将被淹于江底。

因产盐而兴的古镇一般具有如下特点：①古镇主要分

宁厂盐场熬盐遗址

布在四川盆地东部的长江边上或长江支流附近。②这些地区都曾建造过大量供外地人祭拜的祠堂庙宇和聚会的楼堂馆所。③古镇产盐区大多还留有废弃的盐井和产盐作坊等遗迹。④古镇仍留存许多与盐有关的神话传说及民风民俗。⑤当地普遍因盐井枯竭逐渐衰落，与昔日的繁华形成鲜明的对比。

宁厂古镇

2. 因"运盐"而兴的古镇

运盐之利有时远大于产盐之利，于是在盐运路上，水岸码头处逐渐形成一个个盐运集镇。长江边上的西沱古镇即是这样。早在北宋咸平五年（1002年），西沱已是"川盐销楚"的盐运大道起点和货物集散地。元代川江水路在此设"梅沱"驿站，清乾隆二十七年（1762年），在此设巡检司。四川的盐以及百货、丝绸、蜀绣等天府特产，经长江上游的成都、重庆、涪陵等地运到西沱，再由西沱转运去湖北省恩施、利川、来凤等地。1米宽的青石板路全程300多公里，是宋代著名的陆运交通线，有"长江千里古盐道"之称。西沱镇就是这千里盐运大道的转运站，以经营食盐著名而得"盐镇"的美称。云梯街古民居和街铺，就是当时客栈老板们为抢夺盐生意和招徕盐商而在长江边兴建的，最后房屋随山势向上延伸，一直修建至山巅，终于形成了"云梯街"这一长江奇观。

鄂西、湘西、黔东南地区有许多因盐业贸易而兴起的少数民族古镇，由于近代四川盐业的衰落，这些古镇因失去重要的经济支撑而迅速衰败。不过，衰败又使古镇免于现代文明的同化，许多古老的遗迹得以保留。

因运盐而兴的古镇一般具有如下特征：①古镇大多以商业老街为中心呈带状展开。②古镇中仍有盐店铺的遗址或与盐店名相关的街道名，如"下盐店"便是常见典型的街店名。③古镇附近大多有过去贩盐留下的石板路，旧称"三尺路"、"盐大路"或"骡马路"。④古镇中大户人家的老宅许多以青砖砌筑，马头墙、西洋柱、坡屋顶等元素形成了独特的中西合璧式样。⑤古镇70岁以上的老人大多有到附近盐产地或盐运码头贩盐的经历。

另外，有些因躲避战乱、逃避自然灾害由外省人迁徙而来产生的聚落村寨，其兴建伊始偏离盐道，但随着盐行和商品交换的不断发展，盐道在其后百年间的演变中自然地连接了这些村寨，使这些村寨成为新的盐道聚落。宣恩彭家寨即是如此。

（五）盐业古镇分布及古镇盐业建筑的选址和布局

1.古镇分布

城镇格局与城镇性质有关。比如政治文化型城镇必是交通要冲、军事重地，土地肥美，资源丰富，进可攻，退可守。城内衙署林立，街道纵横，官署区、生活区、商业区、文化娱乐区往往分区明确，总体布局形态有很强的人工痕迹。

商贸型城镇须得交通便利，处在水陆交通之要冲，位于不同经济区域的接合部。盐道古镇属于商贸型城镇。但从城镇发展的考察中又发现，这类城镇在不同时期也曾作为一级行政机构衙署所在地，只不过城镇布局围绕盐的产、运、销展开。

（1）产盐古镇以盐业开采生产为依托形成城镇格局

产盐古镇在形成初期，一般都围绕盐产地聚集人气，随着生产规模的扩大，聚集地的功能开始细化，形成生产区、运输区、生活区。经过进一步的发展，运输区依靠水陆运输的方便，往往会在与生活区的接合部形成商业区，进而发展成商业街市。而随着人口的增多，盐产地对周边辐射影响力的增强，许多重要的产盐城镇又发展成地区或州、县的行政中心。

比如，在古蜀地区，由于广都井的开凿，在汉代四川就形成了以成都为中心，包括广都、新都、临邛等县在内的古蜀经济发达地区，也就是今天古蜀郡的区域；民国时期，在民食军用情况下，国民政府将产盐中心富荣盐场的自流井地区和贡井地区分别从富顺县和荣县分离出来，取两井首字组合成立自贡市。其他如郁山镇、云安镇、宁厂镇等都曾设置过地区的行署衙门。

清末民初时期，自贡地区已经遍地盐井了，有12000多眼盐井，密集程度堪称全国第一。大坟堡地区周围不过1.2平方公里，就钻井198口，平均6060平方米就有一口井。民国初年，自贡盐场进行盐区调整，以上地坡为界分为"富荣东场"和"富荣西场"。当时"富荣东场"沿着盐井河沿岸形成了一个繁华区，两岸建筑密集，设置了行署委员、场长署、稽核分所等机构。这个区域也正是现在的自流井区——自贡市的市中区。富荣东场和西场当时的中心区，同时也是现在自贡市政府和自流井区政府、贡井区政府所在地。由此可知，民国时期自贡的盐业分布区划基本奠定了现在自贡城市经济政治中心和城市区划的格局。

19世纪末对大坟堡岩盐体的首次开发，使得自贡东北的大安地区盐业生产迅速繁荣。虽然富义井在明朝中叶就衰落了，但盐区的开发已经形成了自贡的主体骨架：自东向西排列着大安、自流井、贡井三个井盐生产中心地区。在此环境中，人们因盐而作，顺水行舟，择水陆两便之处而居，傍河岸井灶而聚集建城，形成了以釜溪河、旭水河为主干，以自流井、大安、贡井为骨架，分散而又相对集中的格局。这种以自然矿藏开采为依托的格局也一样影响到自贡的主要建筑布局，特别是会馆建筑的分布。由于会馆建筑是一种由经济繁荣带来的建筑形式，其分布格局往往也受到城镇格局的影响，因此它也随着城镇中心的分布状况而呈现出松散而又相对集中的特点，这种状况是随盐卤资源的分布而形成的，使得这一分布状况显得无人工痕迹，自然古朴。

（2）运盐古镇多沿水陆运盐道路分布

运盐古镇多是沿河岸展开，以方便盐船靠岸运货，如西阳县的龚滩古镇；或是垂直于河岸呈梯状逐层展开，如石柱县的西沱古镇。总之，多分布在水陆运盐道路的节点上。

龚滩古镇作为乌江流域的重要口岸，始自蜀汉，经唐宋逐步明显。明万历元年（1573年），凤凰山岩崩塞江形成险滩，其上下江运货物均不得不在此换运，使乌江水运在此分为上下两段，来往船只均以此为起止点。自贡、忠县、郁山等盐场经长江运营的食盐和贵州境内的山货均须在此经人力盘驳过滩，另行装载。于是，商业、交通、文化同盛，各地商贾云集，遂成人口密集、商业繁荣的集镇。建筑组群与其功能结构相对应，上下码头是古镇客货运水陆路交通的转折点，也是古镇的黄金地带，古镇相当比重的盐仓、盐号、堆场、客栈、商业点等皆在码头附近的区域就近择地设立，而凤凰山的走向在下码头及红庙子两处附近均呈内弯之势，两边相对平坦的用地得以扩展。二者相互促进形成了古镇两个扩展放大的居住生活集中片区，并且以祠堂或宫庙为中心，汇集客栈、茶肆、商铺和居住院落，形成商贸中心。每一结构中心相对应的较完整的建筑组群，同时就是在该片区层层叠叠形成的山地院落空间体系。

忠县西沱古镇则是另一番景象。古镇依山顺势而建，一改长江沿岸集镇平行江面等高线的建筑方式，独树一帜，街面垂直长江。街道共有118个台阶，1111步青石梯，号称"云梯街"。街道两旁保存着明清时期遗留下来的层层叠叠的土家民居吊角楼，加之紫云宫、禹王宫、万天宫、二圣宫、桂花园等古代著名建筑，形成了古镇深厚的建筑文化。

运盐古镇不同于政治文化古镇，一般紧靠河岸布置，其中心多是商业街，不是官府衙门，街心大多有盐神庙、火神庙、河神庙等盐业庙宇。运盐古镇布局也不同于普通民居古镇。一般自然形成民居聚落，每一聚落基本都有祠堂、牌坊，用来祭祖怀宗。宗祠或祖祠一般是古镇布局的中心。运盐古镇中外乡人居多，他们客居异乡，在赚得坛钵满贯后，大量建造同乡会馆，这些会馆名为宫庙，实则是外地人聚会议事的场所。

2.古镇盐业建筑选址

（1）选址多在交通便利处

盐业古镇的建筑主体，既不是官府衙门，也不是宗祠庙堂，而是盐商会馆。盐商会馆最初主要是提供盐商或工人办事、议事、集会、娱乐，但随着盐业经济的日益膨胀，会馆的权力也随之扩大，渐渐成为在政治、宗教、社会等方面都有影响力的机构。但盐业会馆建设之初选址时，考虑最多的还是交通的便利。比如，自贡西秦会馆的选址不仅是在自流井最为繁华的商业中心区，而且离陕西"八大号"的所在地"八店街"仅一步之遥。当时最长的两条纵横交错的主街之一便起于正街与八店街之间，交通十分便利。又如，桓侯宫更是处于人烟稠密、商业黄金地段——正街的街口处，其西面的新街，东面的八店街、三圣桥都是商业繁荣地带。

（2）重视风水

古人立宅讲求风水，比如："凡宅左有流水，谓之青龙；右有长道，谓之白虎；前有汗池，谓之朱雀；后有丘陵，谓之玄武。"概括起来就是后有靠山，前有流水（或水池），左右有砂山护卫，构成一种相对封闭的环境单元。产盐古镇对风水尤为看重，因为产盐靠"水"（卤水），晾盐靠"风"（风吹），晒盐靠"日"（日晒）。好的风水布局是保证盐产量的重要因素。而运盐古镇，由于运盐主要靠水路，水更是古镇布局的首选因素。

仙市镇原有"五庙",均是背山面水,沿盐井河(古称"汀江")左岸排列。"'鹦鹉''象鼻'被'虎'牵,'狮子'回头望'牡丹','天潭'河内'朝鼓'响,桥墩坝上会神仙。"这是描绘仙滩周围山水风貌的民谣,在仙市镇方圆几十里,这首民谣几乎妇孺皆知,可见这一方土地正是得天独厚之处。

当然,对处于城镇中心地带的会馆建筑而言,要满足这些条件是很难的,但是它的营造者们还是竭尽所能选择风水上佳之地。比如西秦会馆的选址除了靠近其势力范围"八店街"外,它还背靠龙凤山,并立于龙凤山中间。后来本地盐商把陕商的发迹归功于其会馆的选址,说"龙凤山,像条船,陕西庙,立中间,仿佛竖起一桅杆,自流井的钱全搬"。

犍为县东北部的罗城古镇及其盐业建筑也按风水布局。罗城古镇"船形街"始建于明末崇祯年间,穿逗木构架,

罗城古镇船形街道

从空中鸟瞰,古镇就像搁置在山顶的一只船。据传,古镇建成船形系因罗城不靠大江大河,年年干旱,所谓"罗城旱码头,客商难久留,要得不缺水,罗城修成舟"。为弥补缺憾,村民建设主街时,特意将总平面建成船形,以示"招财纳水"之意。这座船形古镇全长2000多米,宽约650米,主街道分为南北走向,两端较窄,中间宽敞,街面起伏,恰如波涛中的甲板;街中盐神庙的戏楼高耸,如高扬的风帆,而街尾的灵官庙又如同航船的船舱,街道两侧各有一排长约200米、宽约6米的荫廊,仿佛船篷一般,又称"船形街凉厅"。

罗城古镇戏楼俯瞰

罗城古镇船形街凉厅

3. 古镇盐业建筑布局

盐业古镇在城镇布局、建筑主体分布上深受盐业生产和运输的影响，对盐业建筑自身的布局也会产生一些影响。古镇盐业建筑通常或以盐商会馆为中心呈辐射布局，或顺着盐运河道串联布局，或沿中心街道毗邻布局。

（1）以盐商会馆为中心呈辐射布局

自流井地区的正街，从清末到现在一直是自贡最繁荣的商业大街。从这条正街向外辐射，西面的新街，东面的八店街、三圣桥一带都发展成为商业中心地带。盐业建筑便围绕这个中心呈辐射状布局，三圣桥的西秦会馆、沙湾的王爷庙、正街的桓侯宫、贵州庙（已毁）等盐业建筑就簇拥在中心地带周围。

（2）顺着盐运河道串联布局

风水理论讲究"背山面水"、"负阴抱阳"，盐业建筑多遵循此道，面向河道呈线形展开。从光绪版《巫山县志》可以看出，巫峡镇和大昌镇在形成之初完全按照风水观念，环水背山而建。从河对岸看去，整个古镇城郭环抱，高大的宫、堂、庙宇错落其间，一派幽静自然的风韵。随着经济的发展和盐业移民人口的增多，座座民居沿街道簇拥着会馆，民居和会馆建筑串联一起形成街道。

（3）沿中心街道毗邻布局

与中心街道毗邻布局的会馆建筑群往往出现在比较小或次等的城镇。由于土地有限，各籍盐商皆毗邻街道修建会馆建筑以扩大自己的势力范围。这种情况在贡井地区的会馆群布局中表现得特别典型。

（六）盐业古镇现状

有些大集镇由于分布在川盐古道的重要节点上，借用水路、陆路的交通之便，随着商品交换的进一步发展，慢慢聚集人气，逐步扩展为大型村镇乃至现代城市。鄂西的恩施市、利川市、宣恩县城、咸丰县城便是。

有些小集镇，随着现代道路的建设，慢慢偏离交通干道，困守于大山之中，逐渐走向衰败。古镇上一些衰败的老街，因其特有的历史和风貌而成为我们研究城镇发展、社会经济、民风民俗的活化石，比如宣恩的庆阳坝老街、两河口老街，恩施的屯堡老街。

有些分布在江河边的盐道古镇，因为水电站的修建而不复存在，如现长阳县的盐池镇，云阳县的云安古镇即是如此。

六

川盐古道上的
古镇村落

（一）川鄂古盐道上的古镇村落

1. 西沱古镇

（1）古镇概况

西沱古镇位于重庆市石柱土家族自治县长江南岸，隔江与忠县石宝寨相望，因长江在此处呈 S 状急转弯，古名"西界沱"（"沱"为江水急弯之意，长江沿线有许多以"沱"为名的村镇）。古镇位于三峡淹没区，上连丰都"鬼城"、"恩施土家族风情走廊"，下与万州、云阳、奉节、小三峡等风景名胜相连，是三峡库区重点保护的传统风貌古镇，被列为全国第一批"中国历史文化名镇"。

古镇因盐而兴盛，自北宋咸平年间起，便是"川盐古道"的重要节点和货物集散地。元代川江水路在此设"梅沱小水站"驿站，作为川鄂交通水驿，是重庆出川的必经驿站。乾隆二十七年（1762 年）在此设巡检司，置塘汛，商贾如云。古代的川盐、桐油、皮货、丝绸、蜀绣等天府特产，经长江上游的成都、重庆、涪陵等地运至西沱界，再转运去鄂西以及川东南与黔、湘两省交界的西阳、秀水、黔江、彭水（俗称"西秀黔彭"）一带，这是古代著名的陆运交通线路，故有"长江千里古盐道"、"川鄂边贸重镇"之称。

隔江遥望忠县石宝寨

（2）古镇遗存

"云梯街"为西沱镇的核心保护街区。明清时期，客栈老板和商人为抢夺生意和招徕往来商旅，沿长江边建房开店，继而一层层随山势向上延伸，最后一直修建到方斗山脚下的独门嘴山顶，成为长达数里的"云梯街"。它以传统商业为中心，形成垂直于长江，依山而建的独特布局。云梯街全程由五尺宽的青石板大台阶铺陈，旧称"五尺道"。整个街道布局奇特，被誉为"万里长江第一街"。

云梯街两旁随坡逶迤、错落有致的土家民居建筑，极富巴渝特色。老街沿阶梯一侧建商铺，屋后则建成吊脚楼。历史上，古色古香的会馆、寺庙、道观、衙署和形态各异的风火墙，随山而建的吊脚楼，弯弯曲曲的青石板街道，尽显巴渝遗风。而今，古镇尚存一些历史建筑，如川祖庙、财神庙、土地庙、张爷庙、关帝庙、二圣宫、地方商人所建的江西会馆、禹王宫（湖广会馆），以及同济盐店、下盐店、永成商号、德胜祥绸缎庄等商铺。

云梯街

云梯街店铺

云梯街石阶

同济盐店

①禹王宫

原为鄂、湘商人所建会馆，建筑形式为巴渝山地建筑风格与湖广地区祠堂建筑风格相结合。其建筑群为合院，入口大门在戏台下部，两侧厢房与戏台同为二层。外围青砖墙、硬山顶、小青瓦，且砖墙上刻有"禹王宫"三字。因院落空间随地势形成高差，戏台、厢房二层及正殿巧妙地适应了山体变化。

②二圣宫

二圣宫始建于明代，为祭祀孔子和关羽的寺庙，现为沿溪小学。正殿为原建筑，建筑面江，其前有踏步几十级，可至沿溪老街，继续下行可达江边旧码头。

③下盐店

清代民居，为清代举人杨氏家族的住宅。下盐店巧妙地利用了山区地势的起伏，形成建筑高低错落、屋宇重叠之势。其建筑构件用料大，装修雕刻十分精美，是地方民间建筑的代表。

（3）古镇风俗

在西沱古镇云梯街的尽端是一株有着数百年历史的古树。当地流行"一树遮三镇"的说法，意思是以此树为界，沿云梯街以下为石柱县，以上为万县，两侧为忠县。阴历每月二、五、八日为"赶场"（赶集）的日子，周边各地居民会聚集于此街进行买卖。这种传统保留至今。此外，西沱古镇各种节日风俗活动盛行，从正月初一开始，游车灯、划彩船、耍龙灯等，各家还要摆宴，吃"龙灯稀饭"；到端午节时，举行沿江划龙舟比赛等活动。

2. 纳水溪古村落

（1）古村落概况

　　纳水溪古村落位于鄂西恩施土家族苗族自治州，地处云贵高原，隶属于利川市凉雾乡。古村落依山傍水而建，建筑沿等高线方向逐层跌落分布在各层台地，农田主要分布于两岸坡地上，形成自然的山地梯田。纳水溪绕村蜿蜒而过。纳水溪古村落曾是当地重要的场镇。明朝时期，镇上设有土司衙门，归属忠路宣抚司。当时，镇上的土司权利至高无上，在这个衙门审理的案子无须上报，可自掌生杀大权。清雍正十三年（1735年）"改土归流"后，在镇上设乡公所；清乾隆年间，纳水溪古镇设场，名丰乐场；清朝咸丰初年实行"川盐济楚"，纳水溪古镇成了运盐大路上的一个驿站和商品集散地；清光绪年间定名为"纳水溪场"。

　　由于清朝及后期的"行盐"贸易和物品流通交换的需求，这里逐渐发展成为定期赶场的集市，并最终成为土家族聚居的古村落。

纳水溪古村落一景

（2）古村落遗存

纳水溪古村落建筑依山而建，临水而居，房屋的布局灵活自由并完全顺应了自然地形。纳水溪的商业主街分为"上街"与"下街"两部分，以"纳水关庙"为界限，其北为"上街"，南为"下街"。主街两侧临街建筑出挑一步或两步架，出檐宽达 1.2 ~ 2 米，形成宽敞的檐廊，鄂西地区称其为"凉亭子"。街心顶部空间是完全遮蔽的，出两侧建筑至离地约 3 米高处伸出横杆，并在其上架起简易"屋架"，之后搭盖木板、瓦片形成顶盖，便出现了独具特色的"雨街"模式：屋——檐廊——街——檐廊——屋的典型构成模式。古村落的核心部分集中在商业主街道上，街道两旁临街的店宅建筑则是其赖以生存和发展的商品、贸易交换的集市所在。这是一条约有 500 年历史的商业主街，两侧的住户临街设店，建筑体量尺度不大，最高

商业主街下街立面

　为 2 层。现在留存下的街巷已经没有了过去老街的顶盖，也就是街道中间没有雨棚的遮挡。老街的旧路曾经是泥巴铺成的，而今已经变成了水泥石子铺路。

纳水溪古村落建筑整体布局有序。古村落的房屋大都是明清时期的木结构建筑，出檐深远，一般为五柱二骑（5 根柱头有 3 根落地）、七柱二骑（7 根柱头有 5 根落地）或十一柱、四列三间的穿斗式梁架，采用多种雕刻技艺进行装饰，如花格窗、雕花枋匾等。

纳水溪古村落街道

纳水溪古村落民居之一

纳水溪古村落民居之二

　　古村落街道上的建筑紧依古道而建，两侧立面具有很强的连续性，其材料与色彩和谐统一，具有很强的空间围合感。特别是建筑门窗立面较有特色，建筑沿街立面的门窗有两种形式，一种是可全部拆下的实体木门板，常用于商业建筑，拆下门板就能满足通风采光等需求，同时也增大了室内外的交换空间；另一种则是部分采用实体木板，设花格窗，部分可开启，部分固定，可开启的窗下设柜台并直接与外界进行交换活动。

街道供销社

　　纳水溪古村落现存的传统建筑中保存最好的是关帝庙。关帝庙建于明代，是村民们宗教活动和民俗文化生活的中心所在。全木结构，基址系青砂条石垒砌，除戏楼外均为单檐悬山屋顶（戏楼为单檐歇山瓦顶），穿斗与抬梁混合式屋架。瓦脊和檐角高翘，正殿上悬挂着"忠义参天"匾额，殿里供奉着刘备、关羽、张飞、财神和观音的塑像。戏楼里的雕刻装饰精致华丽，有演出时，三方的窗户可以拆卸，方便人们观看。关帝庙平面由三进院落组成，中轴对称的布局形式，轴线上依次排列着山门（戏楼与之合而为一）、大殿、正殿、后殿，并用跨院（小天井）相互连接。戏楼的戏台为单面凸出的三面观的形式，戏楼与大殿前面的坝院及两侧的厢房共同组成了一个"合院式"的观演空间。门楼面阔三间，进深一间，大殿和正殿都是面阔五间，其中用于祭祀仪式的也只有中间尺寸较大些的三个开间。由于人为的破坏和自然力的侵蚀，关帝庙仅存前面一进，后面两进早已被损坏。

关帝庙戏楼

关帝庙戏楼的双狮、庙宇上的角鳌以及其他建筑雕刻装饰艺术品都在"文革"期间被拆毁、焚烧，大殿先被改成大礼堂，后被拆建成学校、村委会办公室。纳水溪古村落其他建筑如天主教堂在大办食堂的年代被拆毁，现今只留下增设在土司衙门里的经堂。禹王宫被毁坏，只留存亭子楼部分，还是当初大地主为讲气派而后修的。

（3）古村落风俗

纳水溪村民长期居于物产丰富、景色怡人的山水之间，形成了独特的民俗风情。纳水溪古村落世代相传的习俗主要表现在"赶年"和"赶场"。在纳水溪古村落的各种节庆中，以"赶年"最为隆重。与其他地方不同的是，他们的年夜饭早了整整一天，称为"过赶年"。家家户户在除夕夜之前就要为过年做好充足的准备，置办好年货，迎接新年的到来。在大年三十的晚上，他们还要以不睡觉的方式进行"守岁"。纳水溪古村落的商业主街每逢农历一、四、七日都格外热闹，周边地方的人都来这里进行贸易往来，当地人称其为"赶场"（赶集）。传说还有马帮会路过此地。

纳水溪古村落原村委会

原村委会局部

3. 庆阳坝古村

（1）古村概况

庆阳坝古村地处川、鄂、湘三省边贸的交通要道，特别是清末，川盐经济带动了整个巴蜀地区的贸易发展，长江沿岸码头西沱、云阳、万县的川盐都要经过庆阳坝古村陆运至鄂西。在肩挑马驮的年代，由于山路艰辛，驮夫们日行不过 30 公里，因此，在鄂西的古盐道上，每隔 15 公里就有一个歇脚的驿站，久而久之，成为附近村民赶场的街肆。庆阳坝古村就有着这种曾经遍布鄂西大山中的典型街肆。商贩整日川流不息，骡群马帮成群结队。

庆阳坝古村远景

雨天赶场集市

（2）古村遗存

① 凉亭街

凉亭街由两条街道交错并列，以街面、巷道和桥梁贯通，集土家吊脚楼和侗族凉亭架于一体，为木结构梁架式民宅街道。老街长500多米，宽20多米，靠山面水而建。主街道两侧建木构瓦房，传统建筑完好程度为80%，现保存完整结构的房屋约65栋，排成2条，间隔5米相对而立。在长期的发展中，这里形成了"三街十二巷"，三街为呈横"品"字分布的三条街道。临街面为商铺，临溪面是吊脚楼，整条街"檐搭檐"、"角接角"，首尾相连，一气贯通，防风避雨，冬暖夏凉。

一座古老而低矮的风雨桥横跨老街北侧的老茶溪，成为进入老街的南北通道，但老街居民更习惯于叫这座风雨桥为"凉亭"，"凉亭街"就是因此桥而得名。

凉亭街鸟瞰

凉亭街总平面图

凉亭街内景之一

风雨桥

凉亭街内景之二

②吊脚楼

庆阳坝吊脚楼二层基本不设围护结构,只有穿斗式屋架裸露在外,由一个大屋檐遮风避雨,因为通风日照良好,二楼成为居民晾晒的好地方。由于历时久远,吊脚楼的柱"脚"部分倾斜,靠斜柱出挑支撑,呈现出古朴的美感。

沿河民居吊脚楼

③ 燕子楼

燕子楼与吊脚楼相似又有所不同。在沿街的商铺或入口的堂屋处也做成两层通高，顶上铺玻璃亮瓦，类似现代建筑中的采光中庭，后面沿河的卧室部分底层架空，二层用隔板隔成阁楼。由于中间空出的部分高度大，通常达到9米以上，使得堂屋空间开阔而不压抑。燕子楼前后高低有致，是凉亭街的一大特色。

（2）古村风俗

由于山区阴冷，庆阳坝古村村民都有冬天烤火的习惯。古村火塘所在室内地坪高出堂屋0.2米，在地下埋风道通到墙脚，形成"地烟囱"。"地烟囱"周边铺木地板，有利于通风散热，防潮防湿。此外，古村的建筑大多木构，防火尤为重要，村民大多在自己家中设置简易的"消防储水池"，以防不测。

过街廊

干街（盖顶）

湿街（不盖顶）

4. 彭家寨古村落

（1）古村落概况

　　彭家寨古村落位于湖北宣恩县沙道沟镇两河口村，属武陵地区，该村由8个土苗山寨组成，主要沿龙潭河分布，其中土家族占80%，彭家寨是其中一个山寨。彭家寨居民大多数由湖南怀化顺酉水迁至此。酉水被誉为土家人的母亲河，而这一流域也是吊脚楼分布最密集的地段，自古是土家族重要的商运通道，大量的盐、木材、桐油、生漆由此运至洞庭湖再进入长江，特别是明清两朝，大量湖南移民顺这条水运商道进入鄂西谋生。

彭家寨古村落

彭家寨吊脚楼群全景

（2）古村落遗存

彭家寨古村落房屋大多坐西北朝东南，每栋自成体系，面积从几十到几百平方米不等，由"座子屋"和"龛子屋"组成。

"座子屋"为正屋，大多一明两暗三开间。"座子屋"由干栏式演变而来。在彭家寨干栏式与井院式建筑结合形成多种形式，有：单吊式、双吊式、二层吊式、三层吊式、平底起吊式、"一"字吊式。单栋吊脚楼最为普遍，属木结构穿斗式，由柱、骑、梁、枋、檩组成骨架。柱下垫柱墩，梁上覆椽皮和布瓦。将柱和骑简用枋纵"串联"组成立贴，当地人把立贴称为"排扇"。两排扇用枋穿斗，柱间装木质板壁，按需要组成各种大小不同的空间。

"座子屋"一般为两层，底层中间一间为堂屋，后壁设神龛，供奉神仙和逝去的先祖。堂屋大门为对子门或六合门。堂屋两边的房屋一分为二，后间为长者的卧室，前间设火塘屋。

"龛子屋"为厢房，又叫"楼子屋"，是吊脚形式，有的用上下两层龛子相围，形成三层空间，底层或用于村落小道，或用于圈养牲畜。台阶、院坝、道路铺以青石板，顺山势往后层层高起，石阶巷道窄小，纵向深远，顶部往往有屋檐深挑，可以遮阳避雨。

吊脚楼屋顶

民居六合门

彭家寨古村落石阶

山地院坝

吊脚楼龛子屋

吊脚下的牲口圈

彭家寨古村落小巷

（3）古村落风俗

火对于彭家寨村民的生存具有重大意义，房屋建成入住前，当地人一般都要"请火"。长方形的炕架上挂伸缩自如的炕钩，火塘上架铁铸"三角"，上放双耳带系的罐烹煮食物。彭家寨村民的火炕上通常不设烟囱，烟自然升起，熏烤悬挂的腊肉，也使屋顶木构架罩上一层烟灰，起到防腐防蛀的作用。

5.舍米糊古村

（1）古村概况

舍米湖古村位于湖北省西南角来凤县百福司镇东南方，东与湖南省龙山县桂塘坝接壤，西南与重庆酉阳隔山相望。舍米湖古村共有6个村民小组，其中土家族彭姓占总人口的95%，据村里的老人讲，他们都是唐朝末年迁居此地的彭姓先祖彭相龙的后代。

舍米湖古村

舍米湖古村山路

（2）古村遗存

舍米湖古村形成始于清朝时期。清朝和民国时期的建筑多出现屋架歪斜、瓦面局部垮塌的局面，其余建筑保存完好。在古村西方神堂堡上有一摆手堂，始建于清顺治八年（1651年），朝南，面阔3间，屋墙及院墙为青石板砌筑，堂屋神龛供奉彭公爵主、向老官人、田好汉三塑像。摆手堂是土家族用于祭祀祖先、祈求五谷丰登、驱邪消灾、跳摆手舞的"廊场"，土家人称"神堂"。这里的摆手堂被誉为"神州第一摆手堂"。

古村自神堂堡向东分布坪里、里头和磨刀湾三个片区。坪里片区建筑分布面积广且集中，片内建筑依山而建，层层叠落，错落有致。里头片区建筑呈带状分布，除中间堂屋的彭大文民居、彭大治民居、彭大丙民居共处青石板院坝，在同一高度和同一平面外，其他房子相互独立地选择住宅地基和朝向，依山而建，分布有序。磨刀湾片区建筑分布面积不大但集中，大多南向，呈台阶式分布。

整个古村民居建筑主要由正屋组成，少数由正屋和吊脚楼组成，另外配以少量附属建筑。正屋的固定形式大多面阔3间，仅1栋是面阔5间，单檐悬山式屋顶，上盖小青瓦。部分正屋单侧或两侧设吊脚楼，与正屋成直线或直角排列，平面布局成"一"、"L"或"凹"字形，单檐歇山式屋顶，飞檐翘角。正屋平面布局明间为堂屋，次间为卧室。堂屋是全家共有空间，家里的重要仪式如祭祀祖先、结婚、丧葬等都要在堂屋中进行。堂屋正面墙上设有供奉祖先牌位的神龛。厨房设有火塘，用来烧饭。正屋台阶以条石砌成，院坝绝大多数为青石板铺砌。民居结构为榫卯穿斗结构，大多为三柱四骑，四柱六骑次之，还有少量五柱四骑、五柱六骑、五柱八骑。

摆手堂

摆手堂牌门

摆手堂内部

舍米湖古村村民

古村民居组图

（3）古村风俗

　　舍米湖古村是典型的土家族古村，保留了土家族村寨各种文化习俗。村内吊脚楼至今仍沿用，土家族的婚丧嫁娶、信仰、风俗等在吊脚楼内演绎。摆手舞是舍米湖村民所创造的精神财富，是当地人在一段漫长的历史阶段里，社会生产发展的缩影和艺术性的表现。

（二）川湘古盐道上的古镇村落

1. 龙潭古镇

（1）古镇概况

　　龙潭古镇位于武陵山区腹地，是重庆十大古镇之一，也是渝西地区重要的水运通商口岸。龙潭镇原址在镇北2公里的渤海梅树村，因地处伏龙山下，有两洼地状如龙眼，积水成潭，故名"龙潭"。清雍正年间酉阳改土归流，原镇毁于火灾，后迁于龙潭河畔。新镇于清乾隆元年（1736年）始建，即今日龙潭镇老街、顺河街一带。龙潭河从古镇流过，经酉水进入沅江，再入洞庭湖流域，是川盐进入湖南的重要水运码头。

龙潭古镇

（2）古镇遗存

龙潭古镇街巷整体平面呈网状，石板街为主要的街道，贯穿南北，长约2公里。石板街分复兴街、中街、永胜街三段，街道宽4～6米，东西向的巷道为去码头的道路。石板街沿街建筑前店后宅，开间大小不等，形成递进的院落空间。民居90%均属于小青瓦屋面木结构，平面布局单一，主次分明。在使用功能上具有生产、生活两重性，在一幢住房中分为居住用房、辅助用房和附属用房。古镇主要以居民聚居为主，寺观庙宇散布其中。曾有"七宫八庙"之说，现有万寿宫、禹王庙保存较好，还有许多规模较大的老民居，如吴家院子、王家院子、赵家院子等。从高处看，庭院错落，天井相连，山墙重叠，景象壮观。

龙潭古镇民居

龙潭古镇民居屋梁

干天井屋顶

甘家茶馆

①万寿宫

建于乾隆三年（1738年），为供奉皇帝、皇后万岁牌的生祠，现作为古镇大型的社会活动场地。总体布局呈"王"字，三进两院，纵深院院相套，形成院落。布局上附会龙的造型，除了建筑各大殿吊牙花边雕刻精雕细刻外，还保留有许多宫殿物证，其中有御赐"万寿宫"满汉文瓷匾牌，大戏楼横梁"二龙抢宝"皇权龙形图雕。

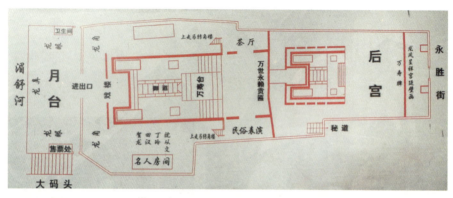

万寿宫平面图

万寿宫戏楼

②王家大院

王家大院由南到北，形成递进的院落空间，依中轴线进行均衡布局。王家大院为当地富裕的住宅，属木质结构四合院。正堂五穿五柱，面阔18米，进深7米，通高6米；过厅三穿四柱，面阔13米，进深4.5米，通高6米；住房中间的堂屋，一明两暗三开间，左右厢房2间，面阔4.5米，进深4米，通高5.5米。

（3）古镇风俗

每逢春节古镇经常举办灯会，鸭子龙与狮子灯、花灯并驾齐驱，热闹非凡；小端阳的龙舟竞渡与大端阳陆地上的干龙船过街，独具特色，妙趣横生。

2. 捞车河古村

（1）古村概况

捞车河古村又称惹巴拉土家古寨（山寨），位于湖南省龙山县苗市镇与洗车河镇交界之处。这里是著名的土家织锦之乡，史载"家家有织女，户户闻机声"。古村历史悠久，早在明代，苗儿滩捞车河两岸就出现了"男耕女织，户多机声"的繁荣景象。在800余年的土司统治时期(始于五代，止于清同治年

捞车河古村

间），灿若云霞的土家织锦，成为中国"四大名锦"（即广西壮锦、云南云锦、四川蜀锦、湘西土家织锦）之一，被誉为"土家织锦之乡"，是土家织锦发源地，享誉中外。

（2）古村遗存

捞车河古村具有深厚的历史文化积淀。土家凉亭桥始建于清光绪元年(1875年)，因毁于水患，近年重修。土家凉亭桥成"Y"字形连接三个自然村落，全长288.8米，为石木结构，桥高5层，为转角楼定制，飞檐翘角，气势恢宏。建于清乾隆年间的土家冲天楼，以其独特的造型、精湛的工艺，成为土家建筑的范本和"活化石"。

捞车河古村现在保存有明代建筑5栋，清代建筑58栋，民国时期建筑34栋，以及287栋具有特色的窖子屋。转角楼是古村土家族古建筑和特色民居的代表，构成一个庞大的古建筑群，2011年1月被列入湖南省文物保护单位。

（3）古村风俗

捞车河古村民族风情浓郁。据史载，土家织锦是土家族传统的织造工艺。这里还保存有国家级非物质文化遗产，如"土家摆手舞"、"土家梯玛"、"打溜子"、"咚咚喹"等。古朴的民俗风情给这个古老的村寨增添了恒久的魅力。

捞车河古村街道

捞车河古村渡船

捞车河古村水车

捞车河古村吊脚楼

捞车河古村屋架

捞车河村民生活

捞车河古村民居

捞车河民居马头墙

3. 里耶古镇

（1）古镇概况

　　里耶古镇位于武陵山脉腹地，湘、鄂、渝、黔四省市交界处，酉水河边，川盐在此上船，经酉水进入湖南洞庭湖流域。"白河上游较大的码头叫里耶，川盐入湘，在这个地方上税。"这是沈从文先生笔下的里耶，白河即酉水。县志记载，里耶于清康熙年间始建街道和码头，雍正年间设置里耶塘，并渐成集市。2002 年出土的秦简不仅填补了秦代历史的空白，也一下子让里耶古镇出了名，并被评为"全国历史文化名镇"。

里耶古镇鸟瞰

（2）古镇遗存

里耶古镇较完整地保存了清代至民国繁荣时期的城镇整体风貌，古镇内建筑风格统一，又不乏别具特色的商业建筑类型，体现出湘西商业名镇的特色。古镇格局为七街六巷，石板街面。每条街巷都可以直通码头。临街建筑多为三开间，前店后宅，两或三进院落，每户之间有清水马头墙分隔，大户人家更是庭院深深的"印子屋"。沿街望去，家家是挑水屋檐，弧形望板，铺台货柜。街巷命名与功能有关，如蒸云巷，过去是桐油作坊的聚集地。其他还有菜行街、米行街、埠平街等。历史上镇内公共建筑的设置体现了土汉交融的特色，既有土家的八部庙、婆婆庙、土王祠等，又有汉族的文昌阁、万寿宫、禹王宫、关帝庙等，可惜今仅存婆婆庙及禹王宫遗址。

（3）古镇风俗

里耶古镇是土家族聚居的区域，传统文化具有显著的土家族特色，并且这些民风民俗在古镇人们的生活中得以延续，如土家族梯玛神歌、哭嫁歌、咚咚喹、打溜子、摆手舞、茅古斯舞等。

里耶古镇街道

（三）川黔古盐道上的古镇村落

1. 福宝古镇

（1）古镇概况

福宝古镇地处川黔交界处，四川合江县东南面的大槽河畔。自贡的盐经福宝古镇的水陆码头往南，再经天堂坝一带的山路运到贵州的赤水等地。古镇格局极具特色，老街完全建在起伏的山脊之上，而且三面环水，自古就有"五桥相同，三水相汇"的说法。环绕古镇的小河叫回龙河，它的上游叫白色溪，发源于福宝镇内海拔 1094 米的马颈山。另外两条是浦江河和栗子河。浦江河经大漕河流入长江，曾是重要的水运通道，由于上游多险滩激流，船行到此改陆运，因此成为水旱货运转接点。古镇原有上、中、下三个古渡码头，上渡历史最早，现仍在运营，下、中渡已被撤销，仅存遗迹。

福宝古镇

（2）古镇遗存

福宝古镇处于夜郎文化与中原文化交会处，建筑极具特色。古镇落差大，建筑多以吊脚楼为主，房舍顺山势起伏，为前店后宅的格局。山背侧沿陡直崖壁建高六七层的吊脚楼，层层叠叠，蔚为壮观。吊脚楼的后部用木料或砖石支撑，从街正面看一二层，街背面却悬在山下六七层，仿佛从大地里钻出来，是典型的川南民居风格。

回龙街是全镇现存最完整的一条古街，街面由老青石板铺成，两侧民居一间靠一间，大小不一，错落有致。街道长450米，宽1.5 ~ 1.8米，根据地势起伏和商业功能分为六段，分别是：桥埂上（经营小吃、烟酒）、五间铺（曾有5家客栈）、九如号（曾有9家商号）、正街（杂货街）、上坎坎（地势为大陡坡）、陡石梯（街道由石板阶梯组成）。此外还有鸡市巷（专门卖鸡的巷子）、米市巷（专门卖米的巷子）等小巷道，仅从街名就能感受到当时商业的繁荣。

古镇最重要的古建筑有：回龙桥、惜字亭、德泰号盐铺以及三宫八庙等。

吊脚楼

福宝古镇街巷组图

福宝古镇店铺

①回龙桥

回龙桥是沟通双河半岛与万寿山交通的古桥，因跨越回龙河而得名。它建于清道光二十年（1840年），全长25米，桥面宽4米，拱高6米。桥的中央部位镌雕有一条龙，桥中挂有剑，雄跨于白色溪（回龙河）上，桥面全用大青石铺就，栏杆是大青石雕刻成歇山式房顶式样，是古镇仅存的老石拱桥。

②惜字亭

惜字亭位于一棵大黄桷树下，亦称"字库"、"化钱炉"。古人为了表示对知识的敬重，写过字的废纸不能随便丢弃，要集中起来放在"惜字亭"中焚毁。此亭建于乾隆五十年（1785年），六层八面，逐层上收，通高8米，各层均有浮雕，图案各不相同。亭序中记述了清乾隆时期福宝古镇已"积众约数百家，可称巨镇"的史实，这对于研究古镇历史文化具有重要意义。

③德泰号盐铺

此盐铺旧时由皮氏开设，福宝古镇自古是川盐入黔的重要盐道，供应贵州习水等地的食盐一部分经福宝运销。由于当时食盐管理混乱，福宝成为大漕河流域和黔北地区私盐贩运的重要站口，设有盐站多处。

④三宫八庙

巴蜀古场镇一般宫、庙众多，福宝古镇也不例外。古镇残存三宫八庙：清源宫、万寿宫、天后宫、五祖庙、土地庙、张爷庙、灯棚庙、王爷庙、观音庙、火神庙、禹王庙。土地庙、五祖庙为三合院，坐南朝北，大殿三开间，左右为厢房，上下两层，穿斗结构；张爷庙，供奉主神是张飞，为屠商敬奉的神；火神庙、清源宫，供奉李冰和文翁；禹王庙，湖广商人会馆，又称"商楚会馆"；万寿宫，江西商人会馆，供奉许真人；天后宫，福建客商会馆，祭奉女神妈祖；福星宫，过去是福宝哥老会仁字号的堂口。三宫八庙大都设有戏楼、厢楼、天井，庙宇面积占了回龙街的五分之二。这些宫庙的雕塑、绘画等，散发着悠久历史文化和建筑艺术的光辉。

（3）古镇风俗

福宝古镇是大漕河流域政治、经济、文化交流中心，所以自古形成了古乐吹打、傩戏、灯戏、秧苗戏等丰富独特的民间艺术形式。特别是独具特色的福宝唢呐锣鼓演奏，被誉为"难得的民间文化艺术珍宝"。

2. 尧坝古镇

（1）古镇概况

尧坝古镇位于川南、黔北接合部，是川南和黔北历史
文化、古风民俗结合最好的地方，是享誉川黔的国家级历
史文化名镇，也是佛教圣地、名人故里。古镇历史悠久，
是合江最早的六大古寨和八大古镇之一。古镇在北宋皇祐
年间便是川黔交通要道上的驿站，是古江阳到夜郎国的必
经之道，有"川黔走廊"之称。泸州与赤水间未通公路之时，
川南、黔北的商贾往来和官方传书皆经尧坝到赤水，必在
尧坝停歇，官方建尧坝驿站，各种商贩云集于此，商品齐全，
市场繁荣，远近闻名。

尧坝古镇街道组图

（2）古镇遗存

尧坝古镇自古为川南、黔北的古驿道，商贾云集。古镇人杰地灵，名人荟萃。美学家王朝闻故居就在此地。民居以木结构的瓦房为主，鳞次栉比，高低参差，依地势而建，从古镇山上俯视，恰似一条长龙横卧。一条狭长的石板路两旁皆为店铺、茶馆，逢赶场日人头攒动，市声喧嚣，满街都是肩荷竹背篓的山民，穿红戴绿的村妇。

古镇街道南北走向，平坦曲折延伸，略呈 S 形。北街为周氏家族修建，南街为李氏家族修建。街面为垂带式青石板铺成，石板街下面是宽 1.5 米、深 1.2 米的排洪沟。街道两侧是木结构建筑商贸店铺，店后为四合院民居生活建筑群，计有小青瓦房 2000 余间。上街依山势修建，屋舍起伏，错落有致；下街房屋，瓦脊连贯，富有韵律节奏美。古镇民居建筑具有显著的清朝时期川南地方特色，是四川省保存至今较完整、地方特色鲜明的民居建筑之一。

王朝闻故居

王朝闻故居天井

尧坝古镇当铺

①武进士牌坊

　　武进士牌坊坐落于古街道南端，是清嘉庆十五年（1810年）皇帝特敕武科进士李跃龙修建，为川南独有。牌坊坐西北朝东南，仿木石结构，三重檐歇山式建筑。通宽 8.8 米，通高 7.8 米，进深 2.1 米。牌坊雕刻精美，气势雄伟，是尧坝古镇武擎一方的标志性纪念建筑。

武进士牌坊

②东岳庙

东岳庙又称慈云寺,俗称火神庙。坐西南朝东北,位于古镇中央,依九龙聚宝山而建,初建于明万历年间,于清代康熙、嘉庆年间几度重修。建筑整体顺依地势,建筑风格是歇山式木石结构,由五重殿宇组成。总进深84米,总面宽29米,占地面积6500多平方米,是典型的川南宗教建筑。一重殿,名庆典戏楼,俗称万年台,系单重檐歇山式穿斗木石结构,占地面积210平方米。屋顶塑二龙抢宝,画面栩栩如生。天花板绘有对称的36个"寿"字图案。楼台围栏雕刻大量表现戏剧内容的精美的深浮雕木刻。二重殿名静心阁,三重殿名城隍殿,四重殿名东皇殿,五重殿名孔圣殿。

静心阁

慈云寺

静心阁连廊

东岳庙戏楼

戏楼横梁雕塑

③大鸿米店

　　米店位于尧坝古镇中央临街 17 级台阶之上，是古镇标志性建筑，为清嘉庆武进士李跃龙修建，保存完好。建筑坐东朝西，全木质穿斗结构，四合院布局，上下两层，建筑面积近 2000 平方米。上层护拦串花雕刻，下层廊道精致典雅，建筑两侧风火墙完好如初。大鸿米店是尧坝古镇在历史上作为川黔粮食贸易重要集散地的遗存古建筑，是研究川黔经济史、交通史和建筑风格的重要实物资料。

大鸿米店

④周公馆

原为清朝嘉庆年间武举人周其宾的公馆,现改建为尧坝古镇历史文化陈列馆。陈列馆占地近 1000 平方米,浓缩了古镇精华,分为 3 个展厅,展览陈列尧坝古今文化活动名迹,向世人呈现千年古镇文化风貌。

周公馆正室

(3)古镇风俗

在尧坝古镇老街上使人感受最深的是乡场茶馆民俗氛围。分散个体的农耕生产方式,使当地人的生活节奏缓慢,古镇居民都乐于到街头茶馆坐一坐,喝碗茶,吹吹壳子(聊天)。

3. 屯堡古镇

（1）古镇概况

　　屯堡古镇位于贵州省西部平坝县，这里地处西进云南的咽喉之地，曾是历史上有名的顺元古驿道上的重要驿站。屯堡妇女的服装非常特别，多以青、蓝色为主，样式为宽袍窄袖，并且不加花边。据当地的老人讲，屯堡妇女的服

屯堡古镇巷道

古驿站

饰是传承了明太祖朱元璋夫人"马大脚"的服饰，俗称"凤阳汉装"。这些服饰从安徽传来，在安徽当地早已失传，但是在屯堡却完好地保存下来了。这种服装在当地不仅仅作为节日或祭祀的礼仪服饰，在日常生活中、劳作时都穿着。屯堡当地的妇女都是自己在家纺布、漂色，再亲手缝制衣服的。当地人觉得穿着这样的衣服充满自豪感，这种衣服如今已经成为屯堡的一种标志。

　　屯堡的妇女都有一双非常别致的绣花鞋，这种鞋只有屯堡的人才会做。这种绣花鞋十分讲究，鞋底是布底，鞋面上有尖头，略向上翘起，呈倒钩状。鞋帮大多以蓝色、青色、绿色为底色，上面绣着色彩斑斓的花鸟鱼虫。由两层白布连接鞋帮的沿口，一直到小腿肚。从脚踝以上打绑腿。屯堡的女人不论去哪儿，就连在田中劳作都会穿着这样的鞋。

屯堡绣花鞋

（2）古镇遗存

　　屯堡古镇的民居结构十分有特点，基本上采用小青瓦、白粉墙。屯堡依然沿袭着汉族人从江淮地区带来的徽派建筑风格，也只是室内采用了木制结构，并且建筑平面多为合院式，采取"三房一照壁"的平面布局。而外面为了抵御外侵，选用的都是厚重的石头作为房屋的墙壁。除此以外，屯堡古镇民居的门都很低，这和传统徽派建筑的高大房门有很大的区别。这主要是为了防止大型的武器搬运进屋。专家说，屯堡的建筑处处都为军事上的需要做了考虑，这些设计构成了屯内多层次的防卫体系。

敬业堂

沈万三故居

屯堡古镇民居屋顶

（3）古镇风俗

　　屯堡人生活习俗世代相传，不仅语言、服饰长期保留明代的特征，而且有演地戏、跳花灯等习俗。在屯堡，流传着一种别具一格的戴着面具表演的传统地戏。这里的地戏多是以军事题材为主的武戏。它是戏剧活化石——傩戏的遗存。

屯堡古镇地戏

地戏角色特写——关公

4. 丙安古镇

（1）古镇概况

　　丙安古镇位于贵州省赤水市上游 25 公里处赤水河大丙滩南岸，处在赤水河与支流交汇处悬崖之上。古镇东西两端各有一座弧形石砌城门，背倚青山，三面环水。依山而建的木质悬空吊脚楼，历经风霜，依然稳如磐石，从远处眺望，俨然一座城堡雄踞危岩之上，被誉为千年军商古城堡。丙安古镇是贵州省历史文化名镇。境内溪流纵横，瀑布众多，竹海、丹霞地貌等景观，风景独特秀丽。

　　古镇的发展和兴衰，与赤水河的航运史、盐运史密不可分。自古以来，贵州的食盐，主要依赖从四川自贡输入。

丙安古镇

赤水河是古代贵州"川盐入黔"的"黄金水道",赤水则是整个贵州"川盐入黔"的四大口岸之一,史称"仁岸"。数百年间,丙安古镇因居赤水河中游,凭借着丙滩水路天险和穿风坳陆路咽喉,便成为盐船云集、水陆分流、商贾汇聚、物资集散的重要码头和商埠。

通往丙安古镇的石桥

(2)古镇遗存

丙安古镇所处的地理位置,坡陡沟深,几乎没有适宜场镇建筑的宽阔平坝。丙安先民采用了颇具特色的木框架吊脚楼形制建筑技术,在倾角约60度、高出河岸20多米的山地,妙借山势,巧用涵洞,凿岩立柱,采用木、石建材,建造出幢幢悬空而起、高20多米的吊脚楼,辟建出平直弯曲相宜、高低起伏有致的古石板街道。在古镇的东、西、南、北四个方位建造出"东华门"、"太平门"、"莫安门"、"平治门"四道寨门,形成了一个军商兼用、宜守难攻的古屯堡,实现了既有利于商贸交通运输,又有利于客货安全保障的建筑目的。古镇幽长而狭窄的石板街,依山势的平仄而收放,随坡势的急缓而曲折。鳞次栉比的市井民居,木墙板、木门窗,经历了数百年的风雨打磨。

红一军团陈列馆

丙安古镇民居

太平门

吊脚楼

（3）古镇风俗

在丙安古镇随处可见的是那些茶馆。当地人管喝茶的方式叫"喝盖碗茶"，碗中所泡的茶，按客人所需，各不相同，这是一种民俗。稀奇的是有的茶碗里所泡的茶，细如沙粒，十分罕见。这是当地特产，名叫"虫茶"。这是用一种野生茶叶，经特殊方法制作后，长出一种虫子，这虫子一面啮食茶叶，一面消化排泄；然后，用筛子将这排泄物筛出来，便是虫茶。丙安人笃信虫茶有医疗保健功效，乐饮不辍。

丙安古镇街道之二

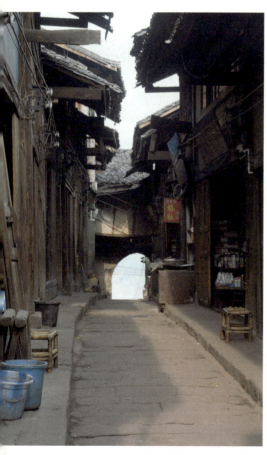

丙安古镇街道之一

（四）川滇古盐道上的古镇村落

1. 李庄古镇

（1）古镇概况

李庄古镇位于四川省宜宾市翠屏区。万里长江始于宜宾，故李庄古镇素有"万里长江第一镇"的美誉。1940年抗战期间，中国营造学社辗转内迁李庄上坝月亮田，梁思成、林徽因、罗哲文等都曾生活在李庄。古镇街区顺长江南岸展开，其地势开阔，是理想的天然码头，自古为川南通往滇黔的大中转站（李庄有三个码头，正街是上码头，目前因修防洪堤全没了）。附近的各种农副产品沿长江这一黄金水道上行运至宜宾、乐山、成都，下行到泸州、重庆、武汉等地，又将本地所需的食盐等运回李庄，然后经由人挑马驮分销到附近的场镇，经五尺道运往云南昭通、曲靖、会泽等地。目前新修的宜宾通往李庄的主要道路——盐李路，从盐坪坝到李庄，古时盐坪坝也是川盐入滇的一个运盐码头。

正街东面屋顶鸟瞰

正街西面屋顶鸟瞰

正街

（2）古镇遗存

李庄古镇的街道主要为席子巷。席子巷建于清代初年，全长仅60余米，街巷内铺以青石板。巷子每边有9间门面，多是木构穿斗结构的二层小青瓦房，呈对称状。席子巷得名与巷内基本都是手工加工、销售草席的人家有关。巷内坐南朝北的一排正中三间比左右三间略高出20厘米，是正房。但正房的中间布局不是挑出样式，而是与房屋里面垂直，这样正中的一间就呈现出"凹"字形。坐北朝南的9间则比坐南朝北的稍矮，根据川南民居建筑的风俗，第二次所建的房屋不允许超过第一次建房的高度，可见整个席子巷的建筑是分次建成的。席子巷的建筑还有另一个特点，就是腰门的设置。腰门是在每间大门外还有两扇矮门，因齐人腰部，形象称之为"腰门"。除此之外，古镇有特色的建筑还有旋螺殿、禹王宫和玉佛寺等。

李庄古镇席子巷

老场街腰门

从李宜公路上看螺旋殿

①旋螺殿

旋螺殿修建于明万历二十四年（1596年），位于李庄镇南2.5公里的石牛山上。旋螺殿呈八角形，通高25米，进深、面阔均为8米，外三重檐，内两层，顶覆青筒瓦，坡度平缓。

旋螺殿采用抬梁式结构，八角形平面的每个角立一根石质檐柱，上层屋顶斗拱最为复杂，承托上层屋顶，也解决了殿内天花藻井的承托问题；中间层屋顶仅在转角处用转角斗拱作为承托；底层屋顶则有转角斗拱和位于屋角之间的斗拱作为支撑。斗拱因部位的不同而不同，三重檐下装饰迥异，但统一雅致，别具匠心。

螺旋殿转角斗拱　　　　　　　　　　　螺旋殿下檐中间斗拱

②禹王宫（慧光寺）

禹王宫建于清道光十一年（1831年），位于正街中轴线东面滨江路上，对面便是古时李庄物运繁华的上码头。在抗战期间为同济大学本部，抗战结束时粮仓较好地保存下来，到1992年时改为慧光寺。禹王宫有山门、戏楼、前殿、后殿及由左右厢房组成的四合院式的古建筑。建筑内石雕最为精美，正殿前月台下有8幅惟妙惟肖的石雕画面，人物造型优美，线条流畅丰富。其中最具代表性的就是月台下的九龙石碑，碑长2.7米，高1.3米，画面为浮雕的9条穿梭遨游于云海之中的神龙，精美绝伦。因而，慧光寺被梁思成先生称为"李庄四绝"之一。

慧光寺正殿

慧光寺戏楼

③玉佛寺（天上宫）

　　玉佛寺位于线子市东街，原名天上宫，供奉天上圣母神像，是福建籍移民修建的，由山门、戏楼、前殿、后殿及左右厢房组成。戏楼为木构单檐歇山式屋顶，细木雕刻是其主要特征，也是整个建筑的主要特色。这些雕刻以深度浮雕为主，辅以部分镂空，刀法娴熟，线条流畅，立体感强，表现的内容多以传统戏剧为主。特别是后殿正前方的4根承檐撑拱，每根上刻有一龙一凤，刻有龙的排列在殿门左右的边上，刻有凤的则排列在殿门外正中左右，这种布局充分体现出对女性的崇敬。

玉佛寺正殿

玉佛寺山门 　　　　玉佛寺戏楼

玉佛寺戏楼撑拱 　　　玉佛寺戏楼木雕

（3）古镇风俗

　　李庄古镇每逢农历双日子赶场，街道两边摆满李庄"三白"（白酒、白肉、白糕）和小黄粑。由于李庄为水运码头，故民风民俗大多与水上活动有关，如"划花船"和"舞金龙"，都是祈求渔民平安。"牛儿灯"是一种表演形式，表达的是对农耕土地的眷恋，每年正月间通过表演求丰收。"牛儿灯"现已从古镇的民俗活动走向了全国，成为非物质文化保护遗产。

2. 豆沙关古镇

（1）古镇概况

　　豆沙关古镇位于云南省昭通市盐津县，东接盐井镇，南连柿子乡，西邻大关县。古镇以豆沙关得名，秦开五尺道，汉修南夷道，唐开石门道，均经此地。唐贞观四年（630年）为南通州石门县治，南诏时置石门镇，唐宋名"石门关"，元明称"罗佐关"，清至今名"豆沙关"，为川入滇第一大关，也是川盐入滇的必经之路。虽然盐津本地有井盐生产，但价格昂贵，故在当时整个滇东北食盐大部分都来自川盐。

豆沙关古镇鸟瞰

豆沙关古镇街道

（2）古镇遗存

古镇主街上大多为木质穿枋结构的老建筑，2006 年大地震后修了些钢混结构的现代建筑，主街后的复兴街就是按老街道的形式新修的。同时新建的还有主街前后两端两个牌坊。目前古镇现存五尺道遗址、袁滋摩崖石刻、观音阁、三官楼石塔、僰人悬棺等古迹。

新修的复兴街道

古镇民居木构挑头雕刻

僰人悬棺

豆沙关古镇牌坊

石门关

石门关古城堡

①五尺道

五尺道是连接内地与云南最早的古官道。现存的五尺道长约 350 米，宽 1.7 米，是保留最长、最完整、马蹄印最多的古驿道。五尺道上的古城堡通高约 15 米，宽约 5 米，条石砌成，中开拱形城门。古豆沙关城门始建于隋唐年间，处于五尺道关卡的位置，有重兵把守，具有"一夫当关，万夫莫开"之势。目前的城门为 1982 年仿原状重新修建。

②观音阁

观音阁建于清乾隆三十二年（1767 年），位于豆沙关古镇五尺道上，为如意斗拱装饰的三重檐歇山顶式建筑。左、右、后三面依岩为壁，阁门高悬洞口，飞阁凌空，内有观音菩萨等菩萨数尊，并有形似观音的钟乳石。

观音阁

观音阁斗拱

③三官楼石塔

三官楼石塔建于清代，位于豆沙关石门村北约 150 米的山腰，为沙石质五角形石塔。塔身朝西南，五重檐，自下而上逐层缩小，底部呈正方形台基。各角柱上雕有花草图案，二、三层浮雕人物、动物、花草，第四层空雕几何纹，造型独特。

三官楼石塔细部雕塑

三官楼石塔

（3）古镇风俗

豆沙关古镇，自清代以来，每年春节、元宵，古镇居民经常耍龙灯预祝五谷丰登。龙灯即"火龙"，龙头、龙腰、龙尾以 11 节竹编灯架布制龙皮联缀构成，各人手执灯架，回旋翻腾，紧锣密鼓，异常热闹。

3. 会泽古镇

（1）古镇概况

会泽古镇位于云南省东北部、金沙江东岸，隶属于曲靖。会泽早在西汉就设置堂琅县，成为云南省最早设立的郡县之一。古镇历史悠久，山川秀美。会泽古时以铜业闻名，经济发达，集聚了省内外的各地商人。外籍客民为了安全和经济利益得到保障，纷纷以同乡结党兴办同乡会馆，以同业协会举办同业庙会，从而形成了会泽独特的"会馆文化"。古镇现存会馆有江西会馆、湖广会馆、楚黔会馆、江南会馆、云南会馆、福建会馆、陕西会馆、四川会馆等。

会泽古镇街道

（2）古镇遗存

　　会泽古镇民居结构为梁柱穿斗式结构，建造上的特色体现在其"猫眼"及"猫拱墙"的设置方面。"猫眼"是为改善室内通风而在瓦屋面上架设的小型窗洞。"猫拱墙"则是两端山墙上拱起的犹如狸猫拱腰行的山墙，具有防火作用，同时也丰富了造型。会泽民居合院的基本型为"四水归堂"式，平面形式有"日"、"昌"字形。此外，古镇的会馆建筑也很有特色。

猫眼

猫拱墙

　　江西会馆被称为"江西庙"，又称"万寿宫"，是江西人在会泽修建的同乡会馆，位于古镇三道街。会馆中戏楼部分最为精彩，戏楼42飞檐对应42根落脚柱，戏楼顶部供奉"福禄寿"三星，戏楼抬梁雕刻的是"八仙过海"的图案，顶部的八角形天花藻井不仅有装饰作用，还具有扩音效果。戏楼正对面是第二进的中殿"真君殿"，真君殿面阔三间，石雕围栏，前檐出檐较深，梁柱用料粗大，格门雕刻精细，两面为对称的东西偏殿，后檐明间置一韦陀亭。第三进为观音殿，观音殿面阔五间，两边为东西书房。万寿宫整体建筑体现了儒、释、道三教合一的风貌，集木雕刻、石雕、砖雕精华为一体，堪称云南古建筑之首。

万寿宫门楼

万寿宫戏楼

真君殿回廊

真君殿韦驮亭

真君殿

②湖广会馆（禹王宫）

　　湖广会馆被称为"寿佛寺"，又称"禹王宫"、"东岳宫"。会馆坐落在会泽古镇东门外宝善街，始建于明代晚期。坐南朝北并由北向南纵深布局，依次建有门楼、戏台、前殿、中殿、后殿、东西偏殿、两厢、韦驮亭及花园和书楼，三个大殿整齐地排列在同一中轴线上。建筑组群规模宏大，风格独特，殿内顶部置井字天花，人物彩绘，殿角起翘，雀替为浮雕，在众多的雕刻中，尤以镂空格扇门最为著名，线条流畅，石刻美观大方。目前湖广会馆的门楼和戏台已被拆毁。

禹王宫

禹王宫背面

东岳宫

③川陕会馆

川陕会馆位于古镇西直街186号。由于院内有四川会馆和陕西会馆，所以统称为"川陕会馆"。该会馆建于乾隆十七年（1752年），坐南朝北，中轴线上依次由门楼、戏台、中殿、后殿及左右厢房组成。目前四川会馆仅存戏楼、前殿和后殿三部分，而陕西会馆仅存前殿部分，其他都在"文革"期间遭到拆毁，改建为仓库，从现存当时修建的仓库来看，已经明显摒弃了会泽民居的特点（设置"猫眼"及"猫拱墙"）。

四川会馆戏台门楼

四川会馆中殿背面

四川会馆后殿

④楚黔会馆

　　楚黔会馆又名"忠烈宫"，俗称"赫神庙"，是贵州、湖北两省合建的同乡会馆。楚黔会馆位于古镇霁云街1号，始建于嘉庆十六年（1811年），由石牌坊、门楼、戏台、前院亭子、过厅及正殿、后殿、两庑等组成，为穿斗与抬梁混合式木结构，单檐歇山顶和硬山顶形式建造。此会馆为三进院建筑群，逐层增高。目前西楼前的左右厢房已被改为棋牌室，供人打牌喝茶。

楚黔会馆门楼

楚黔会馆戏台

楚黔会馆后殿

⑤云南会馆

云南会馆建于乾隆六十年（1795 年），由戏楼、前殿、玉皇阁、东西厢房等组成。云南会馆位于会泽一中内，比邻文庙，前殿已被拆建为学校食堂，整个会馆仅剩戏楼及玉皇阁两部分。

云南会馆戏楼　　　　　　　　　　文庙

（3）古镇风俗

会泽古镇每年春节至元宵节期间都会演小唱灯。小唱灯亦称"太平灯"，是祈求风调雨顺、国泰民安的一种民间娱乐活动。会泽小唱灯主要有歌舞、小演唱和花灯戏三种表演形式。歌舞多是集体性的表演，也有二三人表演的小歌舞。小演唱是一支或多支花灯小调的演唱。这两种表演形式，都没有故事情节和人物形象，多以热烈欢快的气氛感染观众。花灯戏主要是独幕小戏和折子戏，也有少部分大型剧目，是花灯表演的主体部分。会泽古镇小唱灯的艺术性和观赏性较强，以"八十公公进花园"、"东川采茶"为代表的"小唱灯"节目，已形成了独特的表演和音乐风格，在滇东北地区有较大的影响力。

4. 白雾古村

（1）古村概况

白雾古村位于云南东北部乌蒙山脉之中，隶属于娜姑镇，距离会泽古镇不到30公里。明清时期，国库的铜有80%产自云南，而东川（会泽县和巧家县）占全省的72%，因此东川府是滇铜最大的集散中心和铸币中心。而"京运"之铜先集散到白雾村，通过白雾村运到会泽、昭通转运到四川，再由水路北上京城。由此，白雾村被称为"万里京运第一站"。白雾古村历史悠久，文化遗产丰富，古迹较多，保持着古老淳朴的风貌。

白雾古村

白雾古村集市

（2）古村遗存

　　白雾村在明清时期十分繁华，各省前来押运、采购铜的官员特使、商人常驻于此，并修建了一批文化内涵极为丰富的会馆、庙宇等建筑。整个古村结合地形自由布局，依山就势，街道道路随地形曲直分布。主要的街道白雾街位于古村中心，长200余米，宽5米，两边布满了各种宫庙和商号，目前保存下来的有文庙、江西会馆、楚黔会馆、湖广会馆（寿佛寺）、财神庙、太阳宫、圣若瑟堂等建筑。

江西会馆入口牌楼

①文庙

　　文庙建于嘉庆二十四年（1819年），为三进院落，布局严谨，沿中轴线分别建有门楼、牌坊、魁星阁、大成殿、两侧厢房、书房及偏殿。文庙又称"三圣宫"，聚孔子、关圣和文昌于一堂。文庙结构独特，东西阁楼相互依托，天子台衬托出大殿的庄严肃穆；同时，文庙也是目前古村保存最好的古建筑，村民在闲暇的时候都会聚集在文庙门楼前打牌、下棋、闲聊等。

文庙中殿奎楼

文庙后殿

②太阳宫

　　太阳宫，又称"通海庙"、"通海会馆"，建于清道光十二年（1832年），是由山门、大殿、东西配殿及东西两厢组成的四合大院，现存两殿两厢。大殿原供奉太阳、太阴与禹王塑像，东西配殿供奉伏羲氏、神农氏。太阳宫系滇中通海籍人建造，故又称"通海会馆"。整个建筑用材粗大，石雕精工，古朴庄重，气势恢弘。目前太阳宫已经空置，只有从财神庙旁的小巷道才能进入。财神殿对面则是大戏台，戏台前面的观戏广场也是整个古村的中心。

太阳宫

太阳宫入口

财神庙

财神殿

③圣若瑟堂

圣若瑟堂是由法国人建于清光绪九年（1883年）的天主教堂，教堂坐北朝南。此堂为中西式建筑，由门楼、东西厢房和教堂组成。教堂平面为拉丁十字，穿斗式木结构，硬山顶，青瓦覆盖屋面。古时教堂除供天主教徒进行宗教活动外，还设有西医诊所。门楼为由青砖砌筑的中国式门楼。目前，此教堂由当地的天主信徒管理，每逢星期天，教堂开门供村中的天主教徒进行祷告活动。

圣若瑟堂

天主教堂入口

天主教堂屋顶结构

④陈氏住宅

　　陈氏住宅是民国时期原白雾村民团团首陈炳的私宅，是典型的"一颗印式四合五天井"建筑。陈宅建于1945年，占地面积1100多平方米，正面有着最具当地民居建筑特点的"猫拱墙"，沿高高的石阶而上，两进院，是典型"四合五天井"和"走马转角楼"建筑形式。据说当时在大院的照壁、门楼和后围墙上，曾有很多高低不一的射击孔，护院的士卒可以方便地向外射击。

陈氏住宅入口

陈氏住宅内院

（3）古村风俗

　　白雾古村隶属于会泽娜姑镇，其风俗与会泽大致相同。但由于是繁盛一时的古村，拥有深厚的文化底蕴，其中"圣谕宣讲"作为其独特的非物质文化遗产保留了下来，不定期地举行，成为古村的一道文化风景。"圣谕宣讲"始于道光九年（1829年），即在农历每月初一、十五及农闲和乡村节日时，由官吏和乡绅们宣讲康熙皇帝颁布的《圣谕十六训》。随着历史的变迁，"圣谕宣讲"逐渐演变为以劝人行善、宣扬孝悌忠信为内容的无伴奏说唱形式。

5. 盐井古镇

（1）古镇概况

盐井古镇位于四川省盐源县，气候宜人，民风淳朴，历史上这里曾以"南方丝绸之路"而兴盛。在盐井镇，流传着这样一个传说，认为白盐井的盐水是在两汉时期被当地一位牧羊女发现的。据说这位牧羊女在放牧羊群时，看到羊群经常争饮盐井流出的带有咸味的水，才知道羊喜欢喝盐水，而这种盐味也是人的饮食所必需的，从此开启了盐源的盐史。盐的生产使盐井古镇成为川南的重镇之一。古时每到冬春农闲时节，西昌、盐边、米易、德昌、冕宁、越西乃至川滇、康藏边境的小商小贩，运来当地土特产品出售后购买盐源运回当地销售。每日到白盐井贩运盐的骡马数以千计，故白盐井有"万马归槽川南第一场"之誉。

古镇内老的盐井已经被填了，新的盐井分别为 20 世纪 70 年代和 80 年代钻的井，分布在盐厂两侧的山上。目前盐厂已经停滞几年没有产盐了，过去辉煌的盐井古镇已不复存在。

20 世纪 70 年代钻的盐井

传说牧羊女发现盐泉的位置

（2）古镇遗存

古时盐业的发达使盐井镇有 48 座大庙，72 座小庙，其中以盐井的盐灶房最多。由于年久失修，部分逐渐倒塌拆毁，有的修建为机关、单位、学校，有的改建为民房。根据《盐源县志》统计，建成机关、单位的有张爷庙（今为盐井粮库）、碧山庙（今为邮电局）、龙王庙（今为五金公司）、黑神庙（今为盐井中学）、马王庙（今为盐厂宿舍）、万寿宫（今为工农街小学）、武侯祠、观音阁、广平宫、陕西庙（均为今盐厂厂部）；改建成民房和废置的有神农庙、罗祖庙、观音庙、鲁班庙、天圣宫、石公庙、洪济宫、二忠祠、九皇宫、仓圣宫、禹王宫、南岳宫、真武宫、昭忠祠、承相庙、海神庙、玉皇阁、东岳庙、祖师庙、三圣宫、文昌宫、牛王宫、神农庙、三清观等。

盐灶房片区曾改名为工农街，现分为盐务上街和盐务下街。目前整个盐灶房片区仅存 2 栋古时的穿斗木构式建筑，分别为盐务上街 25 号和盐务下街 17 号。盐务下街的江西会馆（万寿宫）被拆建为工农街小学，再往下走则是当时江西人在此做生意的聚集地——江西村，江西村的建筑已变为砖混或钢混结构的现代建筑，但其地名却保留了下来。在整个盐井镇还有很多类似的地名得以保存。顺着盐务上街的小巷往山上走则是东岳庙和文昌宫，原东岳庙已被拆毁，现为当地村民捐建的两层民宅式的寺庙，仅存古时的三对木质楹联和一块石碑。再往山上走就是文昌宫，原文昌宫已被拆毁，并在上面盖有蓄卤池，新建的文昌宫在蓄卤池的东面，也是由当地村民捐建的，目前已经荒废。

盐井古镇新盐厂

江西村

盐务下街 17 号民居

盐务上街

新建的东岳庙

蓄卤池所在的位置为原文昌宫遗址

（3）古镇风俗

盐井镇属于凉山彝族自治州，火把节是当地的传统节日。火把节又叫"星回节"，俗有"星回于天而除夕"之说，相当于彝历的新年。火把节在农历六月二十四日举行，节期二三天。每逢火把节，古镇彝族人家家户户门前都要竖起一个火把。在广场中央堆砌起一个宝塔形火炬，选一根三四丈高的青松立在中间，四周用干柴分层堆砌成宝塔形，顶端放一根挂满红花、白饼、海棠的翠木。火把节的主要活动在夜晚，人们或点燃火把照天祈年，除秽求吉；或烧起篝火，举行盛大的歌舞娱乐活动。傍晚，男女老少手持大小火把，随锣声、号角声汇集于广场，将树塔点燃。顿时火光冲天，干柴烈火噼啪作响，与锣鼓声、欢呼声汇成一片，震撼山岳。火把节期间，还要举行传统的摔跤、斗牛、赛马等活动。

川盐古道沿线主要产盐（运盐）城镇、村落一览表

四川

名称	所在地域	特征描述	实景照片	所属性质
自贡 （现为 地级市）	四川南部最重要的产盐基地。水运经沱江进入长江，南运至湖北、湖南、贵州，向西经"蜀身毒道"进入云南。	北周武帝时，因富世盐井而设富世县（今富顺县），又因大公井而设公井镇（今贡井周围地区）。盐井周围逐渐聚集人烟，那时的中心在现在的自贡市的富顺地区和贡井地区两个中心，形成了今自贡市的雏形。民国初年，已经打了1.2万多眼井分布在自贡市，其密集程度堪称全国第一。抗战结束时，其产盐量占全省60%，税收占80%。现在仍存有西秦会馆（陕西盐商会馆，现为盐业博物馆）、王爷庙（船工行帮会馆）、桓侯宫（屠沽行帮会馆）以及众多的井架、盐井、古盐道等盐业遗存。		产盐
罗泉古镇	地处四川仁寿、威远、资中三县交界的深丘中，隐藏在沱江支流珠溪河旁。	以产盐而闻名天下的罗泉，其悠久的历史可追溯到秦代，至清朝时盐业开发已达到顶峰。清光绪年间，罗泉已有盐井1500余眼，所产的井盐于1925年获巴黎世界博览会金奖。那时的罗泉商贾聚集，马嘶骡叫，热闹非凡，当地的盐神庙便是最好见证。整个盐神庙重檐三级，翼角高翘，正殿屋顶的群龙嬉戏抢宝图，虽经百年风吹雨打仍栩栩如生。		产盐
仙市古镇	位于四川自贡市富顺县城西北27公里，是自贡盐顺釜溪河外运的必经之路。	仙市镇有1400多年历史，依偎在釜溪河畔，曾是自贡井盐出川的必经之地，被誉为古盐道上的明珠。古镇又因"四街、四栈、五庙、三码头、一里三牌坊、九碑十土地"，以及精美的古典建筑群和佛教文化的兴盛而闻名遐迩。现存明末清初的主要古建筑有：南华宫和天上宫等。		运盐

名称	所在地域	特征描述	实景照片	所属性质
罗城古镇	位于四川乐山市南部，犍为县东北部。既是产盐古镇，也是运盐古镇。	该镇集市中心由别具风格的"船形街"构成，船形街两侧长廊就是当地所称的"凉厅子"。过去这个不足2000人的小镇上建有三宫九庙，外地客商利用其中的5座寺庙办了广西、广东、湖北、江西、四川五大会馆。古镇盐矿蕴藏量丰富，目前仍在产盐。		产盐、运盐
福宝古镇	地处川黔交界处，合江县东南面的大槽河畔。自贡的盐经古镇的水陆码头往南，再经天堂坝一带的山路运到贵州省的赤水等地。	古镇处于夜郎文化与中原文化交会之处，回龙街是全镇现保存最完整的一条古街，街道全长450米，是当时最热闹的繁华地段。房舍多为明清风格的木结构建筑，一般是一楼一底、前店后宅的格局，灰瓦、白墙、青石板的天井，是典型的川南民居风格。古镇残存三宫八庙：清源宫、万寿宫、天后宫、五祖庙、土地庙、张爷庙、禹王庙、火神庙、灯棚、王爷庙、观音庙。三宫八庙大都设有戏楼、厢楼、天井，庙宇面积占了回龙街的五分之二。古镇宫庙、雕塑、绘画等，散发着悠久历史文化和建筑艺术的光辉。		运盐
顾县古镇	位于四川广安市以北，享有"千年古镇"的美誉，顾县古镇曾是该县的"区公所"所在地，后来因"拆区变镇"，顾县降为场镇。	古镇原有禹王宫、关帝庙、川主庙等会馆建筑，百草堂、广佛寺及八角亭等古建筑，现仅存川主庙和八角亭。走进古镇老街，首先感受到的是川北古老的市镇民居。古镇建筑为穿斗梁架式木结构，上下两层居多，多则三四层，屋顶中央有四方凉亭。		运盐

名称	所在地域	特征描述	实景照片	所属性质
郁山古镇	位于重庆西南彭水县的郁江边上，其产盐供应鄂、渝、湘、黔地区。	由于郁山镇盐泉易于开采，较早被古人开发。汉代起，郁山就有镇守盐税的盐官，唐代郁山被列为全国的"十监"盐场之一，到清乾隆二十六年（1761年）产盐1106万斤，曾有"万灶盐烟，郁江不夜天"的盛况。至今还保留有3条老街，并存有童家祠堂、苏家院子等古建筑。		产盐
云安古镇	位于重庆老云阳县城汤溪河上游16公里处。水路经汤溪进长江，陆路经马道运销至两湖及陕西、河南等地区。	云安古镇是著名的产盐大镇，曾被誉为"川东八大盐场之冠"。唐贞元元年（785年），云安井（云安县前称）置云安监，设井监史，直属朝廷。盐业兴盛时，会馆寺庙云集，有"九宫十八庙"之称，如：江西会馆、陕西会馆、湖广会馆等。各种房屋依山而建，大街纵横，小巷深幽，其中不乏大户深宅，至今仍能感到其厚重的盐文化氛围。老镇因离长江十几公里，大部分属淹没区，现已与老云阳、双江三镇一起搬迁至新云阳县。		产盐
宁厂古镇	位于重庆巫溪县大宁河边。产盐经大宁河过巫山县进入长江，运至湖北地区。	由于有天然盐泉涌出，又有大宁河交通之便，春秋时便由先民逐盐而居，唐代被列为"十监"盐场之一，有"一泉流白玉，万里走黄金"的美誉。古镇街区背靠宝源山，面临后溪河，民居沿江边延伸。		产盐
大昌古镇	位于长江支流大宁河边，因运送宁厂之盐而繁荣。	大宁河流域在战国时期就是一个重要的盐产地，大昌古镇地处军事要冲，兼有宁河航运之利，明代已成规模。当时的大昌城已是"三街一坊"，有东、西、南三座城门，东西街长不足300米，南北街长仅150米。现已成淹没区而整体搬迁。（右图为修建的大昌古镇）		运盐

名称	所在地域	特征描述	实景照片	所属性质
涂井古镇	位于重庆忠县城东北40公里，汝溪河下游涂井溪边，产盐经西沱入长江。	涂井镇在汝溪河两岸分布大量的盐井、蓄卤池、大型熬盐的炉灶遗迹及损毁的寺庙遗址。历史上，这一带的盐产业颇具规模。新中国成立初期，汝溪河两岸还有重兵把守，以防私盐偷运，到20世纪60年代由于卤水含盐量降低停产。		产盐
西沱古镇	地处长江南岸的重庆石柱县，川盐由西沱翻方斗山，至湖北鄂西等地。	早在宋代，西沱就成为川盐济楚的重要口岸，川盐在西沱上岸，盐工背上山，店铺从江边向山上延伸，故有"天阶"和"千里盐镇"之称。三峡移民搬迁前，有保存较为完整而且雕刻精美的"下盐店"，盐仓设施齐全，结构奇巧，是古代长江中游盐业运销史的历史见证。		运盐
龙潭古镇	位于重庆酉阳县。龙潭河从古镇流过，经西水进入沅江，再入洞庭湖流域，是川盐进入湖南的重要水运码头。	龙潭古镇是渝西地区重要的水运通商口岸，曾有"七宫八庙"之说。现有万寿宫、禹王庙保存较好，还有许多老民居，如吴家院子、王家院子、赵家院子等，从高处看，庭院错落，天井相连，山墙重叠，景象壮观，是不可多得的清代建筑群。		运盐
龚滩古镇	地处重庆酉阳西部，与贵州沿河县邻界。水道经乌江下水可到涪陵，再入长江，上连四川，下通湖北，是自贡之盐进入贵州的重要通道。	龚滩古镇自古是川、湘、黔客货水陆的转运中心，民国川盐济楚时，镇上曾有"大业"、"玉成"等十多家较大的盐号，这些盐号极大地促进了当时龚滩的繁荣。镇上曾有祠堂、会馆20多所，现保存下来的有武庙、川主庙、西秦会馆等，此外，罗家盐仓、大业盐号老屋等都是当地颇负盛名的老宅。新中国成立后由于交通格局的变化，古镇失去商业地位，特别随着乌江水电站的建立，龚滩也将淹没于水下。		运盐

名称	所在地域	特征描述	实景照片	所属性质
盐池河古镇	盐池河位于湖北长阳西部清江北岸，是川盐从恩施经清江到宜昌的必经之地。	盐池河古名盐阳、盐城，当地曾产盐，相传地下流出的盐水染咸了整个清江，清江因此古名"咸水"。如今古镇因水布垭水电站的建立已彻底被毁，只有山坡上残破的义渡碑、河神庙、盐井寺在叙说着往日的繁华。当地村民至今仍保留着盐池温泉野浴的风俗。		产盐、运盐
柏杨古镇	位于湖北与重庆交界处的利川市。柏杨镇是云阳、奉节运盐至利川必经之路，小镇因盐运而繁荣。	柏杨古镇老街藏在新街后面，因天然卤水制作的豆腐而出名。距柏杨街5公里的大水进古建筑群为鄂西传统建筑精品，包括李氏庄园、李氏宗祠及李盖五住宅，具有欧式、徽式与土家族建筑相结合的典型的移民风格，已被列为国家级重点文保单位。		运盐
纳水溪古村落	位于湖北利川市凉雾乡。忠县、西沱、郁山的川盐经此运至利川、来凤，进入湖北、湖南。	纳水溪古村落老街在新公路与纳水溪之间的坡地上，依山而建，层层叠叠的吊脚楼和木板屋是老街的主要风格。老街虽已衰败，但原貌犹存，街头还有关帝庙、禹王宫，现已改建为村小学。		运盐
野三关古镇	地处湖北恩施土家族苗族自治州巴东县。旧时恩施到宜昌的道路被称为"盐大道"或"银大道"，野三关古镇处在路段的中间位置。	野三关是一个具有悠久历史文化的古镇。早在秦汉时期，巴人就在此形成了稳定的活动区域。北宋宰相寇准任巴东县令时，曾在这里劝农弃猎从耕。古镇老街呈丫字形布局，与新街平行展开。沿街民居都是前铺后宅或下铺后宅，丫字形岔口处形成三面铺，是老街的中心。		运盐

名称	所在地域	特征描述	实景照片	所属性质
庆阳坝古村	地处湖北宣恩县椒园镇，位于利川到宣恩和恩施到宣恩的盐运道路交会点上。	庆阳坝古村由两条交叉的风雨街组成，形制十分特别。主街道长561米，靠山面水而建，主街道两侧建木质瓦房，65栋房子排成两排，间隔5米相对而立，形成集市。临街面为商铺，临溪面为吊脚楼，整条街为凉亭式，檐搭檐、角接角首尾相连，一气贯通。		运盐
彭家寨古村落	位于湖北宣恩县沙道沟镇西南部，彭家寨古村落在龙潭河西岸。	彭家寨古村落是鄂西少有的吊脚楼聚集区。古村落环山而建，傍水而居，有着错落有致、造型优美的吊脚楼群。		运盐

湖南

名称	所在地域	特征描述	实景照片	所属性质
洗车河古镇	位于湘西与鄂西南交界的龙山县，地处洗车河与孟溪河交界处。	洗车河古镇是川盐由渝东南、鄂西南进入湖南的重要通道。古镇内江西移民较多，土家族吊脚楼与江南风火墙并存，并建有万寿宫、关帝宫、水浒宫等大量外地宫、堂、庙宇，是一个典型的商业移民古镇。		运盐
里耶古镇	位于武陵山脉腹地，湘、鄂、渝、黔四省交界处，酉水河边。川盐在此上船，经西水进入湖南洞庭湖流域。	里耶于清康熙年间始建街道和码头，雍正年间设置里耶塘，并渐成集市。2002年出土的秦简不仅填补了秦代历史的空白，也一下子让里耶古镇出了名，并被评为"全国历史文化名镇"。在里耶古镇还曾挖出设施完善的古城遗址和大量古代兵器，因此被认为是汉人抵御苗人的"南长城"。		运盐

名称	所在地域	特征描述	实景照片	所属性质
土城古镇	位于贵州遵义习水县。赤水河畔的土城古镇曾是川盐进入黔的重要集散地，川盐水运到此后再陆路运到黔北各地。	土城古镇是一座有千年历史的古镇，三面环水，一面靠山，一直是赤水河中游川盐入黔的重要码头。在古镇老街上有保存完好的古盐号和船业工会旧址。进入老街后，除了古老的石板路和木板房之外，还有两栋特别高大的老房子，一栋是当时的土城盐号，另一栋是土城船帮的老宅，显示当年盐运的繁华景象。		运盐
丙安古镇	距赤水市区12公里，位于川南、黔北交界处，是川盐沿赤水入黔的重要水陆中转站。	该镇原名为"炳滩"，修建在赤水河与另一条溪流相汇的悬崖峭壁上，背靠莽莽大山，面向滔滔河水。雨过天晴的早晨，河谷里升腾出雾气，那些悬空而立、鳞次栉比的吊脚楼，在晨雾中高低错落、时隐时现，宛若仙境。湖南、湖北人曾在此修建禹王宫，即两湖会馆。古镇上现在还留有盐运使留下的青石板路。		运盐
淇滩古镇	位于贵州省沿河县南部乌江两岸。淇滩，在沿河县南10公里处，是乌江上的一个险滩，也是川盐经乌江入黔的必经之地。	淇滩古镇主街宽不过四五米，两旁青瓦建筑古老凝重，铺面一个挨着一个，其中当门街最有特色：二三百米长的街面全部由青石铺就，两旁是鳞次栉比的古老屋宇。因淇滩是昔日"巴盐"集散贸易中心，所以民居内多设有"巴盐仓储"，印江帮的土布、镇远帮的丝绸、秀山帮的百货、沿河帮的巴盐等，每个行业的繁荣构筑了整个古镇的商业繁荣，被当时的外界誉为"沿河第一大集市"。		运盐

云南

名称	所在地域	特征描述	实景照片	所属性质
豆沙关古镇	位于云南省昭通市盐津县，为川入滇第一大关，也是川盐入滇的必经之路。	古镇主街上大多为木质穿枋结构的老建筑，2006年大地震后修了些钢混结构的现代建筑，主街后的复兴街就是按老街道的形式新修的。同时新建的还有主街前后两端两个牌坊。目前古镇现存五尺道遗址、袁滋摩崖石刻、观音阁、三官楼石塔、僰人悬棺等古迹。		产盐、运盐
会泽古镇	位于云南省东北部、金沙江东岸，隶属于曲靖。	会泽古镇民居结构为梁柱穿斗式结构，建造上的特色体现在其"猫眼"及"猫拱墙"的设置方面。"猫眼"是为改善室内通风而在瓦屋面上架设的小型窗洞。"猫拱墙"则是两端山墙上拱起的犹如狸猫拱腰行的山墙，具有防火作用，同时也丰富了造型。会泽民居合院的基本型为"四水归堂"式，平面形式有"日"、"昌"字形。此外，古镇的会馆建筑也很有特色。		运盐
白雾古村	位于云南东北部乌蒙山脉之中，隶属于娜姑镇。	白雾古村结合地形自由布局，依山就势，街道道路随地形曲直分布。主要的街道白雾街位于古村中心，长200余米，宽5米，两边布满了各种官、庙、馆和商号，目前保存下来的有文庙、江西会馆、楚黔会馆、湖广会馆（寿佛寺）、财神庙、太阳宫、圣若瑟堂等建筑。		运盐

后 记

十年前，在我刚开始进行古盐道研究时，"川盐古道"还只是个陌生的概念，不为人们所知晓。

十多年的研究，川盐古道的尘封历史逐渐显露，并为学者乃至巴蜀社会所关注，我们研究团队付出心血的同时，也对川盐古道有了别样的感情。回想数十次古道考察的经历，纵横数万里的行程，每到一处古镇、村落时的欣喜，看到古镇、村落被破坏时的无奈，归途的疲惫以及一次次满载的收获，远不是几十万字所能写尽的。

由于川盐古道是一个涉及社会科学和自然科学的命题，关于文化层面和非物质层面的研究还有漫长而艰巨的路要走。陈志华先生在《乡土建筑研究提纲》中曾谈到，"乡土建筑从本质上来说是文化资源，保护生态环境，不但要保护自然生态，更要保护人文生态，不要让一些文化遗产灭绝"。

当我在写这部书稿时，盐道上的龚滩古镇已因乌江水电坝建设，开始它宿命式的搬迁工程，大昌古镇已彻底淹没于长江水线之下，云安古镇、西沱古镇也已大半沉于江底。随着长江蓄水达到 175 米水位线，更多的沿江古镇将从人们视野中消失。盐业古镇，因江运而兴，最终逃脱不掉因江而亡的宿命。四川盐业曾经的辉煌离现在的人们已经越来越远，当我坐船再次寻找历史的印记时，闯入眼帘的已是满地搬迁后留下的废墟，以及异地重建后崭新的城镇。

大宁河边的盐运古镇大昌古镇已被整体异地复建，可是当我询问村民，为什么会在大宁河边上产生一座如此繁华的古镇？那些老街的名字可曾记得，又意味着什么？这里的九宫十八庙为谁而建，为何而建？他们大多无语。人们只知道这里曾经存在过一座古镇，却未必知道它曾经存在的原因。人们只能复制可以看到的一切，复制古镇完整的躯壳，却无法复制它曾轰轰烈烈的历史和使它生于斯长于斯的盐运环境，历经几百年风风雨雨的古镇，怎么可能在两三年里被异地复制呢？

走访云安古镇时，昔日的繁荣与现今的衰败更是令人感慨嘘吁。从新云阳坐出租车到云安旧城，司机必收往返双倍的钱，问原因，"那里路太差、人太穷，不可能有人会打的回来！"这不禁让人想起旧时民谣："小女小女快长大，长大嫁作云安妇。"（云安旧时曾产盐富甲一方，以至于周边女孩都想长大嫁到此地。）在云安采访过的每一位老人，几乎都会滔滔不绝地讲述云安过去产盐时的辉煌，进而感叹如今的生不逢时，可是他们何曾想过，因为这里盐场的衰败，上千里范围内，多少老街小镇，当初因盐而兴，现在却因盐而亡……

历史的年轮悄悄滑过，有时竟显得了无痕迹，当人们忽视盐业对巴蜀地区的深刻影响时，许多事情追溯起来会显得茫然无措。例如鄂西利川三元堂，当地人一直不解，为什么会在大山之中，一座孤零零的老桥旁边，耸立着一座如此规模的老房子，它不仅样子奇特，名字也奇特。"三元堂"，当地人想当然地解释道："它是一座道观（里面曾供奉神祇，实为关云长），三元，意思是道教中天、地、人的统一。"现在，当地人已无法想象，百年前，这里曾有过的车水马龙，这里曾是川盐南下湖南、东进湖北的陆路必经之地，山陕、湖广的客商曾大批汇经于此。三元堂奇特的样式，是典型的山陕会馆的式样，三元堂的名字，也是典型的山陕会馆的名字（意指张、关、刘三人在桃园三结义）。

川盐古道的历史，关系到巴蜀地区城镇的布局，关系到传统建筑的形式以及建造技术的传承，如果没有"盐"，巴蜀地区的古镇、村落和民居、会馆还会是今天的模样吗？

现在写书，所幸还有东西可看、还有资料可查。再晚几年，当古盐道的痕迹被现代建设的浪潮磨损殆尽，当这段"盐"的辉煌与沿江古镇、村落一起完全沉于水底的时候，关于川盐古道上的一切，恐怕将更难被人们提起。

盐道路上，我收获了学识，也收获了一大堆朋友和道中同仁：武汉大学的杨雪松教授、华中师范大学的桂宇辉教授，以及我的同事李晓峰教授、谭刚毅教授、华炜教授、雷祖康副教授、王振博士、丁援博士，有了他们一次次陪我翻山越岭、餐风露宿，盐道考察之旅才会有不同的感悟和收获；还有考察之路上遇见的从事盐业研究的相关学者，如：路鹤峰县史志办的周学建主任、利川文物管理所的谭宗派老所长、自贡《盐业史研究》杂志的黄健主编和陈龙刚副主编，四川大学的李小波教授，共同的研究方向使我们之间有许多默契的协作。

我的硕士生导师李百浩教授，博士生导师李保峰教授，博士后导师阮仪三教授，以他们对中国古建的深厚学养为川盐古道的研究提出了许多宝贵的意见。

另外，特别感谢我的硕士研究生刘乐，他独自深入川滇古盐道考察，为川滇线的古道研究搜集了大量珍贵素材，并为书稿的后期整理付出了大量心血。还有东方出版中心的戴欣倍编辑，她细致、踏实的工作风格，是本书精美呈现的重要保证。

最后，还要感谢我的夫人张钰，一位从小生活在土家族大山中的女人，以她对故乡的热爱，陪我数次踏上川盐古道的考察之旅……

对川盐古道的研究具有刻不容缓的紧迫性，本书希望通过理论和实践方法的探讨，促进盐业古镇、村落及相关建筑保护工作的开展，为巴蜀地区这一文化遗产的挖掘贡献一份绵薄之力。

赵逵

2015 年 9 月 1 日

图书在版编目（C I P）数据

历史尘埃下的川盐古道 / 赵逵著 . -- 上海 : 东方出版中心 , 2016.1
ISBN 978-7-5473-0898-1

Ⅰ . ①历… Ⅱ . ①赵… Ⅲ . ①古道 – 聚落地理 – 研究 – 四川省②古道 – 古建筑 – 研究 – 四川省 Ⅳ . ① K927.1 ② TU–092.2

中国版本图书馆 CIP 数据核字 (2015) 第 292416 号

历史尘埃下的川盐古道

赵逵 著

策划 / 责编 戴欣倍

书籍设计 一步设计

责任印制 周 勇

出版发行：中国出版集团 东方出版中心

地 址：上海市仙霞路 345 号

电 话：021-62417400

邮政编码：200336

经 销：全国新华书店

印 刷：上海书刊印刷有限公司

开 本：720 × 1020 毫米 1/16

字 数：280 千

印 张：13

版 次：2016 年 1 月第 1 版第 1 次印刷

ISBN 978-7-5473-0898-1

定 价：56.00 元

东方出版中心邮购部 电话：52069798